KB003949

_____의 해커스톡 영어회화 10분의 기적
게바게 골라 말하기 학습 플래너

나의 목표와 다짐을 적어보세요.

나는 _____을 하기 위해

_____년 _____월 _____일까지 이 책을 끝낸다!

나의 학습 플랜을 정해보세요.

☐ 20일 완성 (하루에 Day 5개씩)
☐ 50일 완성 (하루에 Day 2개씩)
☐ 100일 완성 (하루에 Day 1개씩)
☐ ____일 완성 (하루에 Day ___개씩)

학습을 마친 Day 번호를 체크해 보세요.

1	2	3	4	5	6	7	8	9	10	11	12	13	14	15	16	17	18	19	20
21	22	23	24	25	26	27	28	29	30	31	32	33	34	35	36	37	38	39	40
41	42	43	44	45	46	47	48	49	50	51	52	53	54	55	56	57	58	59	60
61	62	63	64	65	66	67	68	69	70	71	72	73	74	75	76	77	78	79	80
81	82	83	84	85	86	87	88	89	90	91	92	93	94	95	96	97	98	99	100

영어회화 공부하는 하루 10분이 더 재밌어지는
해커스톡의 추가 자료 8종

 교재 무료 팟캐스트 강의

 모바일 스피킹 훈련 프로그램

 표현 & 대화문 MP3

 매일 영어회화 무료 강의

 매일 영어회화 표현

 오늘의 영어 10문장

 스피킹 레벨테스트

 데일리 무료 복습 콘텐츠

이렇게 이용해보세요!

팟캐스트 강의는
① 팟빵 사이트(www.Podbbang.com)나 팟빵 어플 혹은 아이폰 Podcast 어플에서 '해커스톡' 검색
② 유튜브 사이트(www.youtube.com)나 유튜브 어플에서 '해커스톡' 검색
③ 네이버TV 사이트(tv.naver.com)나 네이버TV 어플에서 '해커스톡' 검색
④ 네이버 오디오클립 사이트(audioclip.naver.com)나 오디오클립 어플에서 '해커스톡' 검색
⑤ 해커스영어(Hackers.co.kr) 사이트 접속 → 기초영어/회화 탭 → 무료 영어컨텐츠 → 영어회화 10분의 기적 | 팟캐스트

모바일 스피킹 훈련 프로그램은
책의 각 Day에 있는 QR 코드 찍기

표현 & 대화문 MP3는
해커스톡(HackersTalk.co.kr) 접속 후 로그인 ▶ 상단의 [무료강의/자료 → 무료 자료/MP3] 클릭

매일 영어회화 무료 강의는
'해커스 ONE' 어플 설치 후 로그인 ▶ [무료학습]

매일 영어회화 표현, 오늘의 영어 10문장은
'해커스 ONE' 어플 설치 후 로그인 ▶ [무료학습] ▶
상단의 [오늘의 영어 10문장] 혹은 [매일 영어회화 학습]에서 이용

스피킹 레벨테스트는
해커스톡(HackersTalk.co.kr) ▶ 상단의 [무료 레벨테스트] 클릭

데일리 무료 복습 콘텐츠는
'밴드' 어플 설치 ▶ 밴드에서 '해커스톡' 검색 후 접속 ▶ 매일 올라오는 무료 복습 콘텐츠 학습

해커스톡

영어회화 10분의 기적

케바케 골라 말하기

케이스 바이 케이스

왕초보영어 탈출
해커스톡

왕초보도 영어회화가 가능해지는
교재 학습법

QR코드로 미국인 음성을 바로 들어요!

미국인 음성을 함께 들으며 스마트하게 학습
해보세요. 무료 팟캐스트 강의도 제공되니
놓치지 마세요~

DAY 1

무료 강의 및 MP3 바로 듣기 ▶

내가 쏠게.

I'll get it.

그것은 내가 쏠다

여기에서 get 은 '가져가다'라는 뜻이고 it 은 계산서를 가리켜요. '내가 계산할게'와 같은 의미이죠.

N빵하자.

Let's split the bill.

계산서(bill)를 나누다(split)라는 뜻으로, N빵하자고 제안할 때 사용할 수 있어요.

이 표현을 사용한 실제 대화문을 듣고 따라 해보세요.

Amy: That was a great dinner.
저녁 식사 완전 좋았어

Justin: Since you paid last time, **I'll get it.**
지난번에 네가 냈으니까, 내가 쏠게.

Thanks: a lot!
정말 고마워!

이 표현을 사용한 실제 대화문을 듣고 따라 해보세요.

Justin: The total is $60.
다해서 60달러야

Andy: Umm... **Let's split the bill.**
음... N빵하자.

What?: only had one beer!
뭐? 난 맥주 한 잔밖에 안 마셨잖아!

⏱ **권장 학습시간: 2-3분**

표현을 듣고 따라 말해보세요.

한국인이 궁금해하는 다양한 상황별 표현을 익혀 보세요.
이런 상황에서 미국인은 어떻게 말할까요? 나도 미국인처럼 술술
말하게 될 수 있어요.

스마트폰으로 QR코드를 찍어서 표현들을 들어보세요.

⏱ **권장 학습시간: 7-8분**

실제 대화문을 듣고 따라 하며 말해보세요.

실생활 표현이 쓰인 생생한 대화를 따라 하면 미국인처럼 자연스럽게
대화가 가능해요! 실전 듣기 음성으로 미국인들의 실제 말하기 속도에도
익숙해질 수 있어요.

스마트폰으로 QR코드를 찍어서 대화를 들으며 따라 말해보세요.

[부록] **표현만 쏙쏙!**

표현들을 제대로 익혔는지 확인해 보세요! 모든 표현들을 한눈에 볼 수 있도록
정리했어요. 헷갈리는 표현들은 반복해서 익혀보아요.

한국인이 말하고 싶은
진짜 미국식 표현 100 vs 100

DAY 1	내가 쏠게 vs N빵하자	10
DAY 2	생각이 날 듯 말 듯 해 vs 그냥 갑자기 떠올랐어	12
DAY 3	온몸이 쑤셔 vs 날아갈 것 같아	14
DAY 4	나 야근 vs 나 칼퇴 예정	16
DAY 5	편식이 너무 심해 vs 항상 잔뜩 먹어	18
DAY 6	너 사진발 진짜 잘 받는다 vs 넌 실물이 더 나아	20
DAY 7	별로 내 취향은 아니야 vs 나 완전 빠졌어	22
DAY 8	나 완전 멀쩡해 vs 나 너무 취했어	24
DAY 9	좋아, 그러지 뭐 vs 난 별로 안 내키는데	26
DAY 10	나 그거 정주행 중이야 vs TV에 볼만한 게 하나도 없어	28
DAY 11	난 다 끝났어 vs 아직 할 일이 산더미야	30
DAY 12	다 잘 풀리고 있어 vs 되는 게 하나도 없어	32
DAY 13	걘 눈치가 진짜 빨라 vs 걘 눈치가 없네	34
DAY 14	어떻게든 다 잘 될 거야 vs 우린 망했어	36
DAY 15	너무 맛있어! vs 너무 맛없어!	38
DAY 16	요점만 말해 vs 좀 더 자세히 말해봐	40
DAY 17	나 여행병 걸렸어 vs 난 집에 있는 게 좋아	42
DAY 18	변명은 필요 없어 vs 그럴 수도 있지 뭐	44
DAY 19	과찬이세요 vs 그런 소리 자주 들어요	46
DAY 20	미안, 내 잘못이야 vs 다 너 때문이야!	48

DAY 21   내 말이 그 말이야   vs   에이, 그건 아니지   50

DAY 22   시간이 너무 안 가   vs   시간이 엄청 빨리 갔네   52

DAY 23   나 기절한 듯이 잤어   vs   나 한숨도 못 잤어   54

DAY 24   나 슬슬 일어나야겠다   vs   우리 이제 막 시작했잖아   56

DAY 25   너한테 딱이다!   vs   너랑 안 어울려   58

DAY 26   자자, 긴장 풀어   vs   쫄지 좀 마!   60

DAY 27   나 아침형 인간이야   vs   나 야행성이야   62

DAY 28   다음으로 미뤄도 될까?   vs   나 때문에 미루지는 마   64

DAY 29   걔는 완전 똑 부러져   vs   걔는 너무 맹해   66

DAY 30   설마!   vs   그럴 줄 알았어   68

DAY 31   나 이미 선약이 있어   vs   나 일요일 비어   70

DAY 32   날이 엄청 후덥지근해   vs   날이 쌀쌀해   72

DAY 33   콜!   vs   나 좀 내버려 둬   74

DAY 34   코앞으로 다가왔어   vs   아직 한참 남았어   76

DAY 35   너 완전 웃겨   vs   그거 완전 아재 개그야   78

DAY 36   나 완전 타고났어   vs   이건 내 적성에 맞지 않아   80

DAY 37   여긴 참 아늑하네   vs   여긴 좀 으스스해   82

DAY 38   걘 그냥 평범한 사람이야   vs   걘 4차원이야   84

DAY 39   왜 울상이야?   vs   오늘 왜 그렇게 업 됐어?   86

DAY 40   전혀 모르겠는데   vs   너무 뻔하지 않아?   88

한국인이 말하고 싶은 진짜 미국식 표현 100 vs 100

DAY 41	완전 살살 녹아	vs	고무같이 질겨	90
DAY 42	알았어, 접수!	vs	굳이 내가 해야 해?	92
DAY 43	나 오늘 부자야	vs	나 완전 거지야	94
DAY 44	나 배고파서 화가 나	vs	나 배 터질 것 같아	96
DAY 45	오늘 정신없이 바빴어	vs	오늘 좀 한가했어	98
DAY 46	좋겠다!	vs	어쩌라고?	100
DAY 47	이거 지금 완전 유행이야	vs	이거 유행 다 지났어	102
DAY 48	이번엔 내가 봐준다	vs	참을 만큼 참았어	104
DAY 49	목이 따끔따끔해요	vs	콧물이 나요	106
DAY 50	싸게 잘 샀어	vs	나 바가지 썼네	108
DAY 51	다이어트는 내일부터	vs	나 지금 다이어트 중이야	110
DAY 52	아무짝에도 쓸모가 없어	vs	쓸 데가 있을지 몰라	112
DAY 53	행운을 빌게	vs	김칫국 마시지 마	114
DAY 54	비가 쏟아진다	vs	비가 오다 말다 그래	116
DAY 55	그거 좀 싸구려 같아 보여	vs	그거 좀 고급스러워 보인다	118
DAY 56	나 피자가 너무 땡겨	vs	나 입맛이 별로 없어	120
DAY 57	너 진짜 바쁘겠다	vs	너 엄청 한가하겠다	122
DAY 58	지금이 아니면 안 돼!	vs	지금은 좀 그래	124
DAY 59	정말 고마워!	vs	번거롭게 그러지 마	126
DAY 60	너 핵노답이다	vs	너 대단하다	128

DAY 61	그 얘긴 그만해	vs	우리 얘기 좀 하자	130
DAY 62	버스는 이미 떠났어	vs	기회는 또 있어	132
DAY 63	그게 점점 좋아져	vs	그거 지겨워 죽겠어	134
DAY 64	못 믿겠어요	vs	혹하는데요?	136
DAY 65	눈치 못 챘어	vs	그래 보이네	138
DAY 66	걔는 너무 까탈스러워	vs	걔는 성격이 무던해	140
DAY 67	말만 해	vs	꿈 깨!	142
DAY 68	나 음치야	vs	나 박치야	144
DAY 69	에구 불쌍해라	vs	그만 좀 징징대	146
DAY 70	나 요즘 너무 바빠	vs	난 그럭저럭 지내	148
DAY 71	입에 침이 고여	vs	완전 맛없어 보여	150
DAY 72	도전해봐!	vs	하지 말지	152
DAY 73	얼마든지	vs	죽었다 깨어나도 안 돼	154
DAY 74	감기 조심해	vs	옷 따뜻하게 껴입어	156
DAY 75	준비 다 됐어	vs	조금만 기다려 줘	158
DAY 76	나 핸드폰 배터리 나갔어	vs	나 핸드폰 액정 깨졌어	160
DAY 77	모르는 게 나아	vs	너만 알고 있어	162
DAY 78	나도 같은 생각이야	vs	난 그렇게 생각 안 해	164
DAY 79	몸이 좀 안 좋았어	vs	늦잠 잤어	166
DAY 80	내가 걔 찼어	vs	우리 잘 돼가고 있어	168

한국인이 말하고 싶은 **진짜 미국식 표현** *100 vs 100*

DAY 81	그 정도면 됐어	vs	그거론 부족해	170
DAY 82	나도 갈게	vs	난 됐어	172
DAY 83	돈이면 다 돼	vs	돈이 다가 아니지	174
DAY 84	다리가 저려	vs	팔이 저려	176
DAY 85	그거 좋은 생각이다	vs	그거 안 될걸	178
DAY 86	나만 믿어	vs	내 분야가 아니라서	180
DAY 87	아직 결정 난 건 아니야	vs	확실히 정해졌어	182
DAY 88	다신 이런 일 없을 거야	vs	한 번만 봐줘	184
DAY 89	그만하기 다행이네	vs	완전 최악이네	186
DAY 90	버스를 잘못 탔어	vs	차가 막혔어	188
DAY 91	천천히 해	vs	왜 이렇게 오래 걸려?	190
DAY 92	나도 노력하고 있어	vs	너나 잘하세요	192
DAY 93	정말 즐거웠어	vs	완전 지루했어	194
DAY 94	나 주름살 생겼어	vs	나 얼굴에 뭐 났어	196
DAY 95	그냥 운이 좋았어	vs	아부 떨지 마	198
DAY 96	한참 걸렸어	vs	엄청 금방이었어	200
DAY 97	나 술이 너무 땡겨	vs	나 술 별로 안 땡겨	202
DAY 98	식은 죽 먹기였어	vs	나한테 너무 어려웠어	204
DAY 99	너 너무 과했어	vs	네가 그럴 만도 해	206
DAY 100	너 걔 편드는 거야?	vs	너 아직도 걔랑 연락해?	208

[부록]

표현만 쏙쏙!

배운 표현들만 모아서 머릿속으로 쏙쏙

211

생생하고! 스마트하게! "해커스톡 어플"

각 Day별로 제공되는 무료 팟캐스트 강의와 함께, 실제 미국인의
음성을 따라 말해 보면서 표현과 대화문을 학습할 수 있어요.
QR 코드를 통해 접속해보세요.

내가 쏠게.

I'll get it.

여기에서 get은 '가져가다'라는 뜻이고 it은 계산서를 가리켜요. '내가 계산할게'와 같은 의미예요.

 이 표현을 사용한 실제 대화문을 듣고 따라 해보세요.

 That was a great dinner.
Amy 저녁 식사 완전 좋았어.

 Since you paid last time, I'll get it.
Justin 지난번에 네가 냈으니, **내가 쏠게.**

 Thanks a lot!
Amy 정말 고마워!

무료 강의 및 MP3 바로 듣기 ▶

N빵하자.

Let's split the bill.

사이좋게 나누자

계산서(bill)를 나누다(split)라는 뜻으로, N빵하자고 제안할 때 사용할 수 있어요.

 이 표현을 사용한 실제 대화문을 듣고 따라 해보세요.

The total is $60.
다해서 60달러야.

Justin

Umm… Let's split the bill.
음… N빵하자.

Andy

What? I only had one beer!
뭐? 난 맥주 한 잔밖에 안 마셨잖아!

Justin

생각이 날 듯 말 듯 해.

뭐였더라?!

It's on the tip of my tongue.

tip은 '끝부분'이라는 뜻이에요. 어떤 단어나 표현 등이 기억이 날 듯 말 듯 혀끝에 맴돌 때 사용해 보세요.

📢 이 표현을 사용한 실제 대화문을 듣고 따라 해보세요.

Andy

What's the name of that bakery we went to?
우리가 갔던 그 빵집 이름이 뭐지?

Amy

Umm... It's on the tip of my tongue.
음… 생각이 날 듯 말 듯 해.

Andy

Never mind. I'll just google it.
신경 쓰지 마. 내가 그냥 검색해볼게.

그냥 갑자기 떠올랐어.

It just popped into my head.

난 역시... 후훗

아이디어가 전구처럼 팝(pop)! 하고 켜지는 것처럼 내 머릿속에 갑자기 무언가가 딱 떠올랐을 때 사용할 수 있어요.

 이 표현을 사용한 실제 대화문을 듣고 따라 해보세요.

 Sally
How did you think of something so creative?
그런 창의적인 건 어떻게 생각해낸 거야?

 Justin
It just popped into my head.
그냥 갑자기 떠올랐어.

 Sally
You must be a genius.
너 천재인가 봐.

DAY 3

온몸이 쑤셔.

I ache all over.

ache는 '쑤시다, 아프다'라는 의미예요. 근육통이나 몸살감기로 인해 온몸이 쑤실 때 사용할 수 있어요.

 이 표현을 사용한 실제 대화문을 듣고 따라 해보세요.

Are you feeling OK?

Andy
너 컨디션 괜찮아?

No. I ache all over.

Justin
아니. 온몸이 쑤셔.

Try this spray. It works really well.

Andy
이 스프레이 써 봐. 효과가 정말 좋아.

무료 강의 및 MP3 바로 듣기 ▶

날아갈 것 같아.

I feel great.

직역하면 '나 기분이 너무 좋아'라는 뜻이지만, 기분뿐만 아니라 몸컨디션에 대해 얘기할 때도 쓸 수 있어요.

 이 표현을 사용한 실제 대화문을 듣고 따라 해보세요.

 Sally

How was your massage?
마사지는 어땠어?

 Amy

Awesome. I feel great.
완전 좋았어. **날아갈 것 같아.**

Sally

Maybe I'll get one, too.
나도 좀 받을까 봐.

work overtime은 퇴근할 시간(time)을 넘어서(over) 일하는(work) '야근'을 의미해요.

 이 표현을 사용한 실제 대화문을 듣고 따라 해보세요.

 Amy

Aren't you leaving?

퇴근 안 할 거야?

 Andy

I'm working overtime.

나 야근.

 Amy

Don't work too hard.

너무 무리하지는 마.

나 칼퇴 예정.

I'm getting off on time.

get off는 '퇴근하다'라는 뜻으로, 제시간에(on time) 맞춰 퇴근할 예정이라는 의미의 표현이에요.

이 표현을 사용한 실제 대화문을 듣고 따라 해보세요.

Justin

Can we have dinner tonight?
오늘 밤 우리 같이 저녁 먹을 수 있어?

Sally

Sure. **I'm getting off on time.**
당연하지. **나 칼퇴 예정.**

Justin

Great. I'll see you at 6.
좋아. 그럼 6시에 보자.

편식이 너무 심해.

He's a picky eater.

picky는 '까다로운, 유별난'이라는 의미예요. 편식이 심한 사람을 가리켜 'picky eater'라고 해요.

 이 표현을 사용한 실제 대화문을 듣고 따라 해보세요.

Sally

So your husband only eats meat, not veggies?
그래서, 남편이 고기만 먹고, 채소는 안 먹는다고?

Amy

Yep. He's a picky eater.
응. 편식이 너무 심해.

Sally

That's not good for his health.
편식하면 건강에 안 좋을 텐데.

항상 잔뜩 먹어.

He always stuffs himself.

항상 그렇게 먹더라!!

stuff는 '잔뜩 채워 넣다'라는 의미예요. 엄청 많은 음식을 마구 먹어대는 모습을 상상해 보세요.

 이 표현을 사용한 실제 대화문을 듣고 따라 해보세요.

Amy

Your son eats a lot.
네 아들 엄청 먹는다.

Sally

Too much! He always stuffs himself at every meal.
너무 먹어! 매 끼니 **항상 잔뜩 먹어.**

Amy

He's a teenager. He's still growing.
10대잖아. 아직 크고 있는 거야.

DAY 6

너 사진발 진짜 잘 받는다.

The camera really loves you.

이런 셀기꾼!

사진기가 너를 정말 사랑해서 사진이 잘 나오는 것 같다는 의미의 재미있는 표현이에요.

 이 표현을 사용한 실제 대화문을 듣고 따라 해보세요.

 Who's in this picture?
Amy 이 사진 속 사람은 누구야?

 It's me.
Justin 나잖아.

 Really? The camera really loves you.
Amy 정말? 너 사진발 진짜 잘 받는다.

넌 실물이 더 나아.

You look better in person.

넌 역시 실물파.

in person은 '직접'이라는 의미예요. 사진보다 직접 보는 실물이 더 낫다고 말하고 싶을 때 사용해 보세요.

 이 표현을 사용한 실제 대화문을 듣고 따라 해보세요.

Sally

Umm... You're terrible at taking selfies.

음… 너 셀카 진짜 못 찍는다.

Andy

You don't like my pictures?

내 사진 별로야?

Sally

You look better in person.

넌 실물이 더 나아.

별로 내 취향은 아니야.

It's not really my thing.

내 스타일
아냐~

my thing은 '내가 좋아하는 것'을 의미해요. not을 붙이면 내 스타일이 아니라는 뜻이 돼요.

 이 표현을 사용한 실제 대화문을 듣고 따라 해보세요.

 Do you like Thai food?
Justin   너 태국 음식 좋아해?

 It's not really my thing.
Sally   별로 내 취향은 아니야.

 Oh. I wanted to try out that new restaurant.
Justin   아. 나 그 새로 연 식당 가보고 싶었는데.

나 완전 빠졌어.

I'm really into it.

into(~ 안으로)는 '~에 관심이 있는'이라는 뜻도 있어요. it 대신 baseball(야구), this song(이 노래) 등 내가 관심 있는 구체적인 것을 넣어 말할 수도 있어요.

이 표현을 사용한 실제 대화문을 듣고 따라 해보세요.

Andy

Amy, did you like surfing?

Amy, 서핑은 괜찮았어?

Amy

It was great! I'm really into it.

진짜 좋았어! **나 완전 빠졌어.**

Andy

Oh good! Let's go together again soon.

오 잘 됐다! 조만간 또 같이 가자.

나 완전 멀쩡해.

I'm fine.

직역하면 '나는 괜찮다'라는 뜻으로, 술에 취하지 않았고 정신이 멀쩡하다고 말하고 싶을 때도 사용할 수 있어요.

 이 표현을 사용한 실제 대화문을 듣고 따라 해보세요.

 You seem drunk.
Sally 너 취한 것 같아.

 I'm fine. Let's get another drink.
Andy **나 완전 멀쩡해.** 한 잔 더 하자.

 No. You should go home.
Sally 아니야. 너 집에 가는 게 좋겠어.

나 너무 취했어.

I'm so wasted.

1차 2차 3차

해롱 해롱

wasted는 술에 찌든 상태를 의미해요. 취했을 때뿐만 아니라 엄청 피곤한 상태일 때도 이 표현을 쓸 수 있어요.

 이 표현을 사용한 실제 대화문을 듣고 따라 해보세요.

Amy

I think you've had too much wine.
너 와인을 너무 많이 마신 것 같아.

Justin

I guess you're right. **I'm so wasted.**
네 말이 맞는 것 같기도 해. **나 너무 취했어.**

Amy

Here. Drink some water.
여기. 물 좀 마셔.

좋아, 그러지 뭐.

Sure, why not.

그럼~!

'안 될 게 뭐야, 그렇게 하자'라는 의미의 표현이에요. 이 표현의 why not을 '왜 안 돼?'
라고 해석하면 안 돼요.

 이 표현을 사용한 실제 대화문을 듣고 따라 해보세요.

Should we go for a walk?
우리 산책하러 갈까?

Justin

Sure, why not.
좋아, 그러지 뭐.

Sally

Let me grab my jacket.
나 재킷 좀 가져올게.

Justin

난 별로 안 내키는데.

I don't feel like it.

별로!!

feel like는 '~하고 싶다'라는 의미예요. don't를 붙여 뭔가 하고 싶지 않다고 거절할 때 쓸 수 있어요.

이 표현을 사용한 실제 대화문을 듣고 따라 해보세요.

Amy

I'm going shopping. You want to come?
나 쇼핑 가려고. 너도 갈래?

Andy

Nah. **I don't feel like it.**
아니. **난 별로 안 내키는데.**

Amy

OK. I'll be back in a couple hours.
그래. 나 두어 시간 후에 돌아올게.

나 그거 정주행 중이야.

I'm binge-watching it.

binge는 '한꺼번에 몰아서 마구 한다'라는 뜻으로, 뒤에 watch를 붙여 '몰아보다, 정주행하다'라는 의미로 사용할 수 있어요.

 이 표현을 사용한 실제 대화문을 듣고 따라 해보세요.

 Have you seen *The Walking Dead*?
Amy 워킹데드 본 적 있어?

 I'm binge-watching it.
Justin 나 그거 정주행 중이야.

 It's so good, isn't it?
Amy 그거 진짜 재밌지, 그치?

무료 강의 및 MP3 바로 듣기 ▶

TV에 볼만한 게 하나도 없어.

There's nothing good on TV.

(P/R)

볼 게 없어

DAY 10

해커스톡 영어회화 10분의 기적 케바케 골라 골라 말하기

TV 채널에서 볼만한 게 없을 때 사용해 보세요. TV는 생략하고 on까지만 말해도 돼요.

 이 표현을 사용한 실제 대화문을 듣고 따라 해보세요.

How come you only watch Youtube?
넌 어째 유튜브만 보냐?

Sally

There's nothing good on TV.
TV에 볼만한 게 하나도 없어.

Andy

That's not true. There are plenty of good shows.
그건 아니지. 괜찮은 프로그램들이 얼마나 많은데.

Sally

DAY 1

난 다 끝났어.

I'm all done.

해야 할 일을 다 마친 후 '나 다 했어'라고 얘기할 때 사용해 보세요. all을 빼고 말해도 괜찮아요.

 이 표현을 사용한 실제 대화문을 듣고 따라 해보세요.

I'm only half finished with the filing.
난 서류 정리 반밖에 못 끝냈어.

Sally

Well, I'm all done.
음, 난 다 끝났어.

Andy

Seriously? You're quick!
진짜로? 너 빠르다!

Sally

아직 할 일이 산더미야.

I've still got a ton of stuff to do.

이/따/만/큼

많이 남았어.

ton은 무게 단위인 '톤'을 의미해요. 해야 할 일이 1톤만큼 많이 남았다는 비유적인 표현이에요.

🔊 이 표현을 사용한 실제 대화문을 듣고 따라 해보세요.

Do you have a lot of work to finish?
끝내야 할 일이 많아?

Amy

Yes. I've still got a ton of stuff to do.
응. 아직 할 일이 산더미야.

Justin

I hope you get it done soon.
빨리 끝내길 바라.

Amy

다 잘 풀리고 있어.

I'm on a roll.

마치 구르는 공에 탄 것처럼 승승장구하며 잘 풀리고 있는 모습을 상상해 보세요. 이런저런 일들이 잘 굴러가고 있을 때 쓰는 표현이에요.

 이 표현을 사용한 실제 대화문을 듣고 따라 해보세요.

 How's business these days?
Andy 요즘 사업은 좀 어때?

 Great! I'm on a roll.
Amy 좋아! 다 잘 풀리고 있어.

 Glad to hear it.
Andy 좋은 소식이네.

되는 게 하나도 없어.

Nothing's going right.

(막막)

하... 아...

go right은 '잘 되다'라는 뜻이에요. Nothing과 함께 쓰면 아무것도 되지 않는 답답한 상황을 표현할 수 있어요.

 이 표현을 사용한 실제 대화문을 듣고 따라 해보세요.

Justin

How's the project going?
프로젝트는 어떻게 돼 가고 있어?

Sally

Terrible. **Nothing's going right.**
엉망이야. **되는 게 하나도 없어.**

Justin

I'm sorry to hear that.
그거참 안 됐다.

DAY 13

걘 눈치가 진짜 빨라.

He catches on quick.

catch on은 '이해하다'라는 뜻이에요. 분위기 파악이 빠른 사람을 가리킬 때 사용해요.

 이 표현을 사용한 실제 대화문을 듣고 따라 해보세요.

What do you think of Chris?
Chris에 대해 어떻게 생각해?

Amy

He catches on quick.
걘 눈치가 진짜 빨라.

Justin

Right. I like that about him.
맞아. 난 걔의 그런 점이 좋더라.

Amy

걘 눈치가 없네.

He can't take a hint.

어우~

증말~

take a hint는 '눈치를 채다'라는 뜻이에요. can't를 붙이면 눈치 없는 사람을 말해요.

 이 표현을 사용한 실제 대화문을 듣고 따라 해보세요.

 That guy keeps asking for my number.
Amy   저 남자가 계속 내 번호를 물어봐.

 He can't take a hint.
Sally   걘 눈치가 없네.

 I know. It's so annoying.
Amy   맞아. 그게 너무 짜증 나.

어떻게든 다 잘 될 거야.

It'll all work out.

work out(운동하다)은 '일이 잘 풀리다'라는 뜻도 있어요. 안 좋은 상황이라도 결국 잘 될 거라고 격려할 때 써요.

 이 표현을 사용한 실제 대화문을 듣고 따라 해보세요.

 What's the matter?
Justin 무슨 일이야?

 I heard that my interview will be in Chinese.
Amy 내가 들었는데 면접을 중국어로 볼 거래.

 Don't worry. It'll all work out.
Justin 걱정 마. **어떻게든 다 잘 될 거야.**

무료 강의 및 MP3 바로 듣기 ▶

우리 망했어.

We're screwed.

헐...

망했다...

나사로 조여진(screwed) 듯한 숨 막히고 절망스러운 상황을 떠올려 보세요. 캐주얼한 표현이라 친한 사람들 사이에서만 사용하는 것이 좋아요.

 이 표현을 사용한 실제 대화문을 듣고 따라 해보세요.

Sally

I can't find my bag!
내 가방을 못 찾겠어!

Andy

Didn't you put our passports in there?
너 거기다 우리 여권 넣지 않았어?

Sally

Yes. **We're screwed.**
응. **우린 망했어.**

너무 맛있어!

짱맛☆

It's so good!

맛있다고 할 때 미국인들은 의외로 'delicious'를 잘 사용하지 않는다는 점을 알아두세요.

 이 표현을 사용한 실제 대화문을 듣고 따라 해보세요.

 Have you tried the soup?
Sally   수프 먹어봤어?

 It's so good! Did you make it?
Justin   **너무 맛있어!** 네가 만든 거야?

 Yes. It's my own recipe.
Sally   응. 내가 직접 만든 레시피야.

너무 맛없어!

It's awful!

노맛...

너나 먹어...

awful은 '끔찍한'이라는 의미예요. 맛없는 음식뿐만 아니라 불쾌한 상황이 생겼을 때도 사용할 수 있어요.

 이 표현을 사용한 실제 대화문을 듣고 따라 해보세요.

Amy

How's the cake I made?
내가 만든 케이크는 어때?

Andy

You call this food? **It's awful!**
이걸 음식이라고 만든 거야? **너무 맛없어!**

Amy

Oh no! I think I used salt instead of sugar.
이런! 내가 설탕 대신 소금을 썼나 봐.

시간이 없거나, 중요한 핵심(point)만 바로 듣고 싶을 때 이렇게 말해 보세요.

 이 표현을 사용한 실제 대화문을 듣고 따라 해보세요.

Hurry up and tell me what happened to Jane.
빨리 Jane한테 무슨 일이 있었는지 말해줘.
Justin

Well, it's kind of a long story.
음, 얘기가 좀 길어.
Sally

Just get to the point.
요점만 말해.
Justin

무료 강의 및 MP3 바로 듣기 ▶

좀 더 자세히 말해봐.

Be more specific.

???
더 자세히

두루뭉술하게 얘기하는 사람에게 좀 더 자세히(specific) 말해달라는 표현이에요.

DAY 16

해커스톡 영어회화 10분의 기적 캐내게 물라 말하기

🔊 이 표현을 사용한 실제 대화문을 듣고 따라 해보세요.

What's your ideal type?
이상형이 어떻게 돼?
Andy

You know, just someone who is kind.
그게, 그냥 착한 사람.
Amy

Be more specific.
좀 더 자세히 말해봐.
Andy

교재 표현 & 대화문 MP3 HackersTalk.co.kr **41**

나 여행병 걸렸어.

I've got the travel bug.

여행 벌레(travel bug)에 물려 여행을 너무 좋아하게 되는 병에 걸렸다는 재미있는 표현이에요.

📢 이 표현을 사용한 실제 대화문을 듣고 따라 해보세요.

Sally
Are you planning another trip?
너 또 여행 갈 준비하고 있어?

Andy
Yeah. I've got the travel bug.
응. 나 여행병 걸렸어.

Sally
I wish I could travel as much as you.
나도 너만큼 여행을 많이 다닐 수 있었으면 좋겠다.

무료 강의 및 MP3 바로 듣기 ▶

난 집에 있는 게 좋아.

I like to stay at home.

집이 최고♡

난 집순이!

여행보다 집이 더 좋은 집순이나 집돌이라면 이렇게 말해 보세요.

 이 표현을 사용한 실제 대화문을 듣고 따라 해보세요.

 Do you like to travel?
Justin 넌 여행하는 거 좋아해?

 Not really. I like to stay at home.
Amy 그다지. 난 집에 있는 게 좋아.

 Me too. There's no place like home.
Justin 나도. 집만 한 곳이 없어.

변명은 필요 없어.

Don't give me excuses.

excuse는 '변명, 핑계'라는 뜻이에요. 상대방의 변명을 듣고 싶지 않을 때 이렇게 말할 수 있어요.

 이 표현을 사용한 실제 대화문을 듣고 따라 해보세요.

Andy

Sorry I'm late. I left early but…

늦어서 미안해. 내가 일찍 나왔는데…

Sally

Don't give me excuses.

변명은 필요 없어.

Andy

Oh, come on. I was only 10 minutes late.

에이~ 나 10분밖에 안 늦었잖아.

그럴 수도 있지 뭐.

It happens.

미안하다고 사과하는 상대에게 괜찮다고 안심시킬 때 이렇게 말해 보세요.

 이 표현을 사용한 실제 대화문을 듣고 따라 해보세요.

 I'm so sorry. I missed the bus.
Justin 너무 미안해. 나 버스 놓쳤어.

 It happens. Don't worry.
Amy 그럴 수도 있지 뭐. 걱정 마.

 Thank you for understanding.
Justin 이해해줘서 고마워.

과찬이세요.

I'm flattered.

flattered는 '칭찬받은'이라는 뜻으로 칭찬을 받아서 기분이 좋고 고마울 때 사용해요.

 이 표현을 사용한 실제 대화문을 듣고 따라 해보세요.

What did you think of my presentation?
제 발표 어땠어요?
Amy

Wonderful. You were very impressive.
멋졌어요. 당신 정말 대단했어요.
Mike

Oh, **I'm flattered.**
오, **과찬이세요.**
Amy

그런 소리 자주 들어요.

> 호호~
> 내가 좀~

I get that a lot.

get은 '받다'라는 뜻으로, 그런 말을 자주 '받는다', 즉 '듣는다'라는 의미예요.

 이 표현을 사용한 실제 대화문을 듣고 따라 해보세요.

Sally

I'm turning 30 next year.
전 내년이면 30살 돼요.

Mike

No way! You look so much younger than that.
설마요! 그것보다 훨씬 어려 보여요.

Sally

Thanks. **I get that a lot.**
고마워요. **그런 소리 자주 들어요.**

DAY 20

미안,
내 잘못이야.

Sorry, my bad.

미안해...

이 표현은 영어에 서툰 한 NBA 선수가 my fault를 my bad로 잘못 얘기한 것이 유행이 되면서 널리 퍼진 재미있는 표현이에요. 자주 쓰이는 표현이니 꼭 알아두세요.

 이 표현을 사용한 실제 대화문을 듣고 따라 해보세요.

Sally

How come you didn't lock the door?
어째서 문을 안 잠근 거야?

Amy

Oops! **Sorry, my bad.**
아차! **미안, 내 잘못이야.**

Sally

Just make sure it doesn't happen again.
다시는 이런 일이 없도록 꼭 확인해.

다 너 때문이야!

It's all your fault!

부들 부들

어떤 상황이 벌어지게 된 모든 책임을 상대에게 돌릴 때 이렇게 말해요. 공격적인 표현이니 주의해서 사용하세요.

 이 표현을 사용한 실제 대화문을 듣고 따라 해보세요.

Justin

I heard we got a "D" on our project.
우리 프로젝트 "D" 받았다고 들었어.

Andy

It's all your fault! You missed the deadline.
다 너 때문이야! 네가 마감일을 놓쳤잖아.

Justin

But Jen told me the wrong date!
하지만 Jen이 나한테 날짜를 잘못 알려줬다고!

DAY 21

내 말이
그 말이야.

Tell me about it.

완전
공감

'그것에 대해 나한테 말해줘'라는 의미가 아니라 상대방의 말에 완전히 동의한다는
표현이에요.

 이 표현을 사용한 실제 대화문을 듣고 따라 해보세요.

 Andy
That was a terrible movie.
그건 정말 최악의 영화였어.

 Amy
I know. The actor sounded like a robot.
맞아. 배우가 완전 로봇 같더라.

 Andy
Tell me about it.
내 말이 그 말이야.

에이, 그건 아니지.

I doubt that.

에 이~

doubt은 '의심하다'라는 뜻이에요. 나와 생각이 다른 의견에 조심스럽게 반대할 때
사용할 수 있어요.

 이 표현을 사용한 실제 대화문을 듣고 따라 해보세요.

Justin

I'm so upset that we lost the game today.
오늘 경기에 져서 너무 속상해.

Sally

It's all Tina's fault.
이게 다 Tina 때문이야.

Justin

I doubt that.
에이, 그건 아니지.

시간이 너무 안 가서 느리게(slowly) 움직이는(move) 것 같다는 표현이에요.

 이 표현을 사용한 실제 대화문을 듣고 따라 해보세요.

 Andy
There's still an hour left until lunch.
점심시간까지 아직 1시간이나 남았어.

 Sally
Ugh. Time is moving slowly.
악. 시간이 너무 안 가.

 Andy
Tell me about it.
내 말이 그 말이야.

시간이 엄청 빨리 갔네.

The time flew by.

시간이 슉~

fly by는 '~을 지나 날아가다'라는 의미로, 우리말 표현 중 '시간이 쏜살같이 지나갔다'로
이해하면 쉬워요.

해커스톡 영어회화 10분의 기적 캐매캐 굴러 말하기

 이 표현을 사용한 실제 대화문을 듣고 따라 해보세요.

Justin

It's 7 P.M. The pool is closing.
지금 오후 7시야. 수영장이 곧 닫을 거야.

Amy

Really? The time flew by.
정말? 시간이 엄청 빨리 갔네.

Justin

I know. I had a great time.
맞아. 나 너무 재밌었어.

out cold는 깊은 잠에 빠지거나 의식을 잃은 상태를 의미해요.

 이 표현을 사용한 실제 대화문을 듣고 따라 해보세요.

You didn't answer my call last night.
너 어젯밤 내 전화 안 받더라.

 Justin

Yeah, I was out cold.
응, 나 기절한 듯이 잤어.

 Amy

I was worried about you.
나 너 걱정했잖아.

 Justin

무료 강의 및 MP3 바로 듣기 ▶

나 한숨도 못 잤어.

I didn't sleep a wink.

퀭~

여기서 wink는 잠깐 눈을 붙이는 '짧은 잠'을 의미해요.

 이 표현을 사용한 실제 대화문을 듣고 따라 해보세요.

 Andy

You look terrible.
너 꼴이 말이 아니다.

 Sally

I didn't sleep a wink last night.
어젯밤에 **나 한숨도 못 잤어.**

 Andy

You should take a nap.
낮잠을 좀 자는 게 좋겠다.

나 슬슬 일어나야겠다.

I should get going.

I should go(나 이제 가야 해)보다 좀 더 부드러운 표현이에요.

 이 표현을 사용한 실제 대화문을 듣고 따라 해보세요.

 I'm leaving. The last train is in 10 minutes.
Amy 나 간다. 막차 10분 뒤에 온대.

 Then I should get going, too.
Justin 그럼 **나도 슬슬 일어나야겠다.**

 OK. Let's go.
Amy 그래. 가자.

우리 이제 막 시작했잖아.

We're just getting started.

get started는 '시작하다'라는 의미이고, 이 표현을 직역하면 '우리는 이제 막 시작되고 있다'라는 뜻이에요. 일찍 먼저 가려는 친구에게 사용해 보세요.

📢 이 표현을 사용한 실제 대화문을 듣고 따라 해보세요.

I want to go home.

Andy

나 집에 가고 싶어.

What? We're just getting started.

Sally

뭐? 우리 이제 막 시작했잖아.

But this party is so boring.

Andy

근데 이 파티 너무 재미없단 말이야.

너한테 딱이다!

It's so you!

'어떤 스타일이 너에게 너무 잘 어울린다'라는 의미로 사용해요.

이 표현을 사용한 실제 대화문을 듣고 따라 해보세요.

Sally
Look. I bought this new coat.
짠. 나 이 코트 새로 샀어.

Amy
It's so you!
너한테 딱이다!

Sally
You think so? Thanks.
그런 것 같아? 고마워.

너랑 안 어울려.

It doesn't suit you.

음...

탈락

suit는 '어울리다'라는 의미예요. 앞에 doesn't가 있으니 어울리지 않는다는 뜻이겠죠.

 이 표현을 사용한 실제 대화문을 듣고 따라 해보세요.

Amy

How do you like my new dress?
내 새 원피스 어때?

Sally

To be honest, **it doesn't suit you.**
솔직히 말해서, **너랑 안 어울려.**

Amy

Oh, really? Should I take it back?
아, 정말? 반품해야 하나?

DAY 26

자자, 긴장 풀어.

Take it easy.

직역하면 그것을(it) 쉽게(easy) 받아들이라(take)는 뜻으로, 마음을 편히 가지라는
의미예요.

 이 표현을 사용한 실제 대화문을 듣고 따라 해보세요.

I'm so nervous about the audition.
나 오디션 때문에 너무 떨려.

Amy

Take it easy. You can do it.
자자, 긴장 풀어. 넌 할 수 있어.

Justin

Thanks. Wish me luck.
고마워. 행운을 빌어줘.

Amy

무료 강의 및 MP3 바로 듣기 ▶

쫄지 좀 마!

Don't be such a chicken!

애도 아니고…

미국 사람들은 닭(chicken)을 겁쟁이라고 생각해요. 우리나라 말의 새가슴을 떠올려 보세요.

 이 표현을 사용한 실제 대화문을 듣고 따라 해보세요.

Sally

I'm too scared to ride the rollercoaster.

나 롤러코스터 타는 거 너무 무서워.

Andy

Don't be such a chicken! Come on.

쫄지 좀 마! 가자.

Sally

I can't. You go by yourself.

난 못 타겠어. 너 혼자 가.

DAY 27

나 아침형 인간이야.

I'm a morning person.

일찍 일어나서 아침에 활동하는 것이 더 잘 맞는 체질이라면, 이 표현을 사용해 보세요.

 이 표현을 사용한 실제 대화문을 듣고 따라 해보세요.

I'm taking an English class at 6 A.M.
Sally
나 아침 6시에 영어 수업 듣고 있어.

Can you wake up that early?
Justin
너 그렇게 일찍 일어날 수 있어?

Of course. I'm a morning person.
Sally
당연하지. **나 아침형 인간이야.**

나 야행성이야.

I'm a night owl.

만또

새벽 2시

만또

야행성인 사람을 올빼미(owl)에 비유한 재미있는 표현이에요. morning person의 반대인 night person이라고 할 수도 있어요.

 이 표현을 사용한 실제 대화문을 듣고 따라 해보세요.

Andy

I usually go to bed at 3 A.M.

난 보통 새벽 3시에 자.

Amy

That's really late.

정말 늦게 자네.

Andy

Well, I'm a night owl.

음, 나 야행성이야.

다음으로 미뤄도 될까?

Can I take a rain check?

비 때문에 취소된 경기 대신 다음 경기에 무료로 입장할 수 있는 티켓을 rain check라고 한 것에서 유래한 표현이에요.

📢 이 표현을 사용한 실제 대화문을 듣고 따라 해보세요.

Amy
Hey. About going to the pool tomorrow…
저기. 내일 수영장 가는 거 말이야…

Andy
Yeah. What about it?
응. 그건 왜?

Amy
I can't go. Can I take a rain check?
나 못 갈 것 같아. **다음으로 미뤄도 될까?**

 64 무료 팟캐스트 강의 및 학습자료. HackersTalk.co.kr

나 때문에 미루지는 마.

Don't put it off because of me.

너희끼리   꼭 가~

put off는 '뒤로 미루다'라는 의미예요. Don't를 붙여 '나중으로 미루지 말라'고 말해 보세요.

 이 표현을 사용한 실제 대화문을 듣고 따라 해보세요.

Justin

I'm sorry, but something just came up.
미안한데, 나 지금 막 급한 일이 생겼어.

Sally

Then you can't come camping with us?
그럼 너 우리랑 캠핑 같이 못 가는 거야?

Justin

Sorry, no. But don't put it off because of me.
미안한데 못 가. 근데 **나 때문에 미루지는 마.**

걔는 완전 똑 부러져.

He's totally on the ball.

실력이 뛰어난 운동선수가 공에서 눈을 떼지 않는(eyes on the ball) 모습을 상상해 보세요.

 이 표현을 사용한 실제 대화문을 듣고 따라 해보세요.

 I like working with the new intern.
Amy 나 새로운 인턴이랑 일하는 거 좋아.

 Is he doing a good job?
Justin 그 친구 일 잘하고 있어?

 Yes. He's totally on the ball.
Amy 응. 걔는 완전 똑 부러져.

 무료 팟캐스트 강의 및 학습자료 HackersTalk.co.kr

걔는 너무 맹해.

에휴~
노답~

He's too absentminded.

absentminded는 '딴 데 정신이 팔린'이란 뜻으로, 얼이 빠진 사람을 가리키는 표현이에요.

 이 표현을 사용한 실제 대화문을 듣고 따라 해보세요.

Andy

I don't like to work with Luke.
난 Luke랑 일하기 싫어.

Sally

Can I ask why?
왜 그런지 물어봐도 될까?

Andy

He's too absentminded.
걔는 너무 맹해.

설마!

No way!

직역하면 '길이 아니다'이지만, '설마, 그럴 리가'라는 의미의 놀라움을 나타내는 표현이에요.

 이 표현을 사용한 실제 대화문을 듣고 따라 해보세요.

 The girl group JEM is breaking up.
Amy
걸그룹 JEM이 해체한대.

 No way!
Justin
설마!

 I read it online.
Amy
인터넷에서 읽었어.

그럴 줄 알았어.

I knew it.

거 봐!

직역하면 '나는 그것을 알았다'라는 뜻으로, 한국말과도 비슷한 표현이죠? 내 예상대로 된
상황에서 말해 보세요.

 이 표현을 사용한 실제 대화문을 듣고 따라 해보세요.

Sally

Did you know this place changed its chef?
이 식당 주방장 바뀐 거 알았어?

Andy

I knew it. The food tastes different.
그럴 줄 알았어. 음식 맛이 달라.

Sally

Yeah. I liked the old chef better.
그치. 난 옛날 주방장이 더 좋았어.

plans는 '계획'이라는 의미예요. 시간이 되냐고 묻는 상대에게 안 된다고 거절할 때
사용할 수 있어요.

 이 표현을 사용한 실제 대화문을 듣고 따라 해보세요.

 Want to go to a concert this Saturday?
Sally 이번 토요일에 콘서트 갈래?

 Sorry, but I already have plans.
Amy 미안한데, **나 이미 선약이 있어.**

 Oh well. Maybe next time.
Sally 아 그래. 그럼 다음 기회에.

 70 무료 팟캐스트 강의 및 학습자료 HackersTalk.co.kr

나 일요일 비어.

I'm free on Sunday.

자유의 몸

프리

프리

free는 '다른 계획이 없는, 한가한'이란 뜻으로, 일정이 없을 때 이 표현으로 말해 보세요.

 이 표현을 사용한 실제 대화문을 듣고 따라 해보세요.

 Are you busy this weekend?
Justin 이번 주말에 바빠?

 I'm free on Sunday. Why?
Andy 나 일요일 비어. 왜?

 Let's go see the new Marvel movie.
Justin 새로 나온 마블 영화 보러 가자.

날이 엄청
후덥지근해.

It's really humid.

더워~

humid는 '후덥지근한, 습도가 높은'이라는 뜻이에요. 불쾌지수가 높은 습한 날에 사용해 보세요.

 이 표현을 사용한 실제 대화문을 듣고 따라 해보세요.

 Can we turn on the air conditioner?
Justin 우리 에어컨 틀어도 돼?

 Sure. You're sweating a lot.
Sally 그래. 너 땀을 많이 흘리고 있네.

 Yeah. It's really humid.
Justin 응. 날이 엄청 후덥지근해.

날이 쌀쌀해.

It's chilly.

chilly는 '쌀쌀한'이라는 의미예요. 날씨가 조금 불편할 정도로 추울 때 사용할 수 있어요.

DAY 32

해커스톡 영어회화 10분의 기적 캐바캐 톡같이 말하기

 이 표현을 사용한 실제 대화문을 듣고 따라 해보세요.

Amy

Take your jacket.
재킷 가져가.

Andy

Why?
왜?

Amy

It's chilly today.
오늘 날이 쌀쌀해.

DAY 33

콜!

굿♡

I'm down!

'난 아래야'가 아니라, 상대방의 제안을 받아들인다는 의미예요. 쉽고 많이 쓰는 표현이니 꼭 알아두세요.

 이 표현을 사용한 실제 대화문을 듣고 따라 해보세요.

Amy

Do you want to go bowling?
볼링 치러 갈래?

Justin

Sure. I'm down!
그래. **콜!**

Amy

Great. I'll text you the location.
좋아. 내가 문자로 장소 보내줄게.

나 좀 내버려 둬.

Leave me alone.

싫다니까!

alone은 '혼자'라는 의미예요. '귀찮게 굴지 말라'는 느낌의 표현이에요.

이 표현을 사용한 실제 대화문을 듣고 따라 해보세요.

Andy

Can I come in? Let's play a video game.
나 들어가도 돼? 우리 같이 비디오 게임하자.

Sally

Leave me alone.
나 좀 내버려 둬.

Andy

But I'm so bored.
하지만 나 너무 심심하단 말이야.

DAY 34

이제 곧!

코앞으로 다가왔어.

It's right around the corner.

직역하면 '길모퉁이 근처야'라는 의미이지만, 어떤 일정이 바로 코앞으로 다가왔다는 뜻으로 쓰여요.

 이 표현을 사용한 실제 대화문을 듣고 따라 해보세요.

 When is the wedding?
결혼식은 언제야?

Amy

 It's right around the corner.
코앞으로 다가왔어.

Sally

 You must be so excited!
완전 들떠있겠다!

Amy

아직 한참 남았어.

It's still a long ways off.

아직 멀었어...

a long ways off는 '멀리 떨어진'이라는 의미예요. 아직 한참 후에 일어날 일에 관해 얘기할 때 사용해요.

 이 표현을 사용한 실제 대화문을 듣고 따라 해보세요.

Justin

When are you transferring?

너 언제 전근 가?

Andy

It's still a long ways off.

아직 한참 남았어.

Justin

Well, I'm going to miss you when you go.

암튼, 너 가면 보고 싶을 거야.

너 완전 웃겨.

You crack me up.

crack은 '갈라지다'란 뜻으로, 17세기 영국에서 두꺼운 화장이 유행했는데 너무 크게 웃으면 화장이 갈라진다(crack)고 말한 것에서 나온 표현이에요.

 이 표현을 사용한 실제 대화문을 듣고 따라 해보세요.

 Do you think I'm boring?
Justin   나 재미없는 사람 같아?

 Not at all. You crack me up.
Amy   전혀. **너 완전 웃겨.**

 How come nobody else thinks so?
Justin   어째서 다른 사람들은 그렇게 생각 안 하지?

그거 완전 아재 개그야.

That's such a dad joke.

갑분짜...

아저씨들이 즐겨하는 썰렁한 말장난을 영어로 dad joke(아빠 농담)라고 해요.

 이 표현을 사용한 실제 대화문을 듣고 따라 해보세요.

Sally

Why is 6 afraid of 7? It's because 7 ate(8) 9.

6이 왜 7을 무서워하게? 그건 7이 9를 잡아먹었기 때문이야.

Andy

Ugh! That's such a dad joke.

악! 그거 완전 아재 개그야.

Sally

You have no sense of humor.

넌 유머 감각이 없어.

DAY 36

나 완전 타고났어.

I was made for this.

어떤 일이나 직업이 나한테 잘 맞고 내가 다른 사람보다 그 일을 더 잘할 때 이렇게 말해 보세요.

📢 이 표현을 사용한 실제 대화문을 듣고 따라 해보세요.

I have five more new students to tutor.
Justin
나 과외하는 학생이 새로 5명 더 생겼어.

Wow. You're pretty popular.
Amy
우와. 너 인기 꽤 많다.

I love teaching. I was made for this.
Justin
가르치는 게 너무 좋아. **나 완전 타고났어.**

무료 팟캐스트 강의 및 학습자료 HackersTalk.co.kr

이건 내 적성에 맞지 않아.

I'm not cut out for it.

재능이
없나 봐...

cut out for는 '~에 적합한, 적임인'이라는 의미로, 어떤 것이 적성이나 체질에 맞는지 말할 때 사용해요.

 이 표현을 사용한 실제 대화문을 듣고 따라 해보세요.

 I don't want to be in sales anymore.
Andy
나 더 이상 영업직에 있기 싫어.

 Why? I thought you liked it.
Sally
왜? 난 네가 좋아하는 줄 알았는데.

 I thought so too, but I'm not cut out for it.
Andy
나도 그렇게 생각했는데, **이건 내 적성에 맞지 않아.**

여긴 참 아늑하네.

It's very cozy in here.

cozy는 '아늑한'이라는 의미로, 어떤 곳이 편안하고 따뜻한 느낌이라고 말하고 싶을 때 사용해요.

 이 표현을 사용한 실제 대화문을 듣고 따라 해보세요.

How did you find this café?
이 카페는 어떻게 발견했어?

Amy

I found it while I was out on a walk.
밖에 산책하러 나갔다가 찾았어.

Justin

It's very cozy in here.
여긴 참 아늑하네.

Amy

무료 강의 및 MP3 바로 듣기 ▶

여긴 좀 으스스해.

It's kind of creepy here.

무서...
무서...

creepy는 '으스스한'이라는 의미예요. 으쌕하고 음침한 곳을 설명할 때 사용할 수 있어요.

 이 표현을 사용한 실제 대화문을 듣고 따라 해보세요.

Sally

I don't really like this park.
나 이 공원 별로 마음에 안 들어.

Andy

Why? What's the matter?
왜? 무슨 문제라도 있어?

Sally

It's kind of creepy here.
여긴 좀 으스스해.

걘 그냥 평범한 사람이야.

He's just an average guy.

평범
그 자체

average는 '평범한'이란 의미예요. 상황에 따라 개성이 없다는 부정적 의미로 들릴 수도 있으니 주의하세요.

 이 표현을 사용한 실제 대화문을 듣고 따라 해보세요.

 What's Jake like?
Jake는 어때?

Amy

 Jake? He's just an average guy. Why?
Jake? **걘 그냥 평범한 사람이야.** 왜?

Justin

 We're going to be working on the same team.
우리 같은 팀에서 일하게 됐거든.

Amy

갠 4차원이야.

He's very strange.

특이한 사람

strange(이상한)는 '특이한'이라는 뜻도 있어요. 괴짜 기질이 있는 독특한 사람을 가리킬 때 사용할 수 있어요.

 이 표현을 사용한 실제 대화문을 듣고 따라 해보세요.

Andy

Tim has a lot of weird ideas.
Tim은 이상한 아이디어가 많아.

Sally

Yes, he's very strange.
맞아, **갠 4차원이야.**

Andy

I wonder what goes on in his mind.
걔 머릿속엔 어떤 생각이 있는지 궁금해.

long face는 '긴 얼굴'이 아니라, 시무룩한 울상을 말해요. 실제로 표정이 축 처지면 얼굴이 상대적으로 더 길어 보인다고 해요.

 이 표현을 사용한 실제 대화문을 듣고 따라 해보세요.

Amy

Why the long face?
왜 울상이야?

Sally

My dog died yesterday.
우리 강아지가 어제 하늘나라로 갔어.

Amy

Oh, I'm so sorry.
아, 너무 안 됐다.

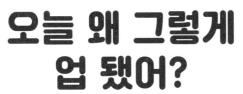

오늘 왜 그렇게 업 됐어?

Why are you so hyper today?

뭐 좋은 일 있냐?

hyper는 '들뜬'이라는 의미예요. 기분이 업 된 상태를 말할 때 사용할 수 있어요.

 이 표현을 사용한 실제 대화문을 듣고 따라 해보세요.

Andy

Why are you so hyper today?
오늘 왜 그렇게 업 됐어?

Justin

My stocks have gone up!
내 주식이 올랐어!

Andy

No wonder you're excited.
신날 만하네.

전혀 모르겠는데.

I have no idea.

내가 어떻게 알아...

직역하면 '나는 아이디어가 전혀 없다'는 뜻으로, 아무것도 모른다는 표현이에요.

 이 표현을 사용한 실제 대화문을 듣고 따라 해보세요.

 Why did the taco place close?
Amy 타코 가게 왜 문 닫았지?

 I have no idea.
Justin 전혀 모르겠는데.

 I really liked their tacos.
Amy 나 거기 타코 진짜 좋아했는데.

무료 강의 및 MP3 바로 듣기 ▶

너무 뻔하지 않아?

Isn't it obvious?

obvious는 '너무 뻔한'이라는 의미로, 쉽게 알 수 있는 당연한 사실이라고 생각될 때 사용해 보세요.

 이 표현을 사용한 실제 대화문을 듣고 따라 해보세요.

 Why is the manager so happy?
Andy
매니저가 왜 저렇게 기분이 좋지?

 Isn't it obvious?
Sally
너무 뻔하지 않아?

 Oh, that's right. He was promoted.
Andy
아, 맞다. 승진했지.

완전 살살 녹아.

It's so tender.

tender는 '부드러운'이라는 뜻이에요. 어떤 음식이 입에서 살살 녹을 정도로 부드러울 때 사용해 보세요.

 이 표현을 사용한 실제 대화문을 듣고 따라 해보세요.

 How's your steak?
Justin
스테이크는 어때?

 It's so tender.
Amy
완전 살살 녹아.

 Can I have a bite?
Justin
나 한 입만 먹어봐도 돼?

무료 강의 및 MP3 바로 듣기 ▶

고무같이 질겨.

It's too tough.

이거 고무냐?

tough는 '질긴'이란 의미도 있어요. 고기가 질겨 잘 씹히지 않을 때 쓸 수 있어요.

 이 표현을 사용한 실제 대화문을 듣고 따라 해보세요.

Andy

Is the steak good?
스테이크는 괜찮아?

Sally

It's too tough.
고무같이 질겨.

Andy

I guess they cooked it for too long.
너무 오랫동안 요리했나 보다.

알았어, 접수!

You got it!

상대방(You)이 요청한 것(it)을 말하기가 무섭게 이미 받은(got) 것처럼 느껴지도록
빠르게 처리해주겠다는 재미있는 표현이에요.

 이 표현을 사용한 실제 대화문을 듣고 따라 해보세요.

Could you take out the trash?
 Amy 쓰레기 좀 내다 버려줄 수 있어?

You got it!
 Justin 알았어, 접수!

Thanks!
 Amy 고마워!

부탁을 들어주기 싫다는 말을 돌려서 말하고 싶을 때 사용할 수 있어요.

 이 표현을 사용한 실제 대화문을 듣고 따라 해보세요.

Sally

Please take out the trash.
쓰레기 좀 내다 버려줘.

Andy

Do I have to?
굳이 내가 해야 해?

Sally

Never mind. I'll do it myself.
아냐, 됐어. 내가 직접 할게.

나 오늘 부자야.

I'm loaded.

'가득 찬'이란 의미의 loaded는 '돈이 많은'이라는 뜻도 있어요. 지갑이 빵빵한 날 사용해 보세요.

이 표현을 사용한 실제 대화문을 듣고 따라 해보세요.

Sally
Isn't this restaurant too expensive?
이 식당 너무 비싸지 않아?

Andy
Don't worry, I'm loaded.
걱정 마, **나 오늘 부자야.**

Sally
Did you win the lottery or something?
너 혹시 로또 같은 거에 당첨됐냐?

나 완전 거지야.

I'm completely broke.

전 재산
100원

broke는 '빈털터리인, 파산한'이라는 뜻도 있어요. 돈이 별로 없는 상황을 과장해서
얘기할 때 사용해요.

 이 표현을 사용한 실제 대화문을 듣고 따라 해보세요.

 Can you lend me $100?
Amy
나 100달러만 빌려줄 수 있어?

 Sorry. **I'm completely broke.**
Justin
미안. **나 완전 거지야.**

 Oh no! You too?
Amy
헐! 너도야?

나 배고파서 화가 나.

I'm hangry.

배가 고프면 짜증이 나죠. hangry는 hungry(배고픈)와 angry(화난)를 합성한 신조어예요.

 이 표현을 사용한 실제 대화문을 듣고 따라 해보세요.

Andy

I'm hangry. Let's have a snack.

나 배고파서 화가 나. 우리 간식 먹자.

Amy

But it's so late.

근데 너무 늦었잖아.

Andy

Who cares? I'm going to eat something.

아 몰라. 난 뭐 먹을 거야.

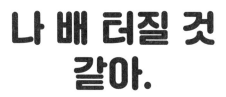

나 배 터질 것 같아.

I'm going to burst.

burst는 '터지다'라는 의미예요. 너무 많이 먹어 배가 터지기 일보 직전일 때 사용해 보세요.

 이 표현을 사용한 실제 대화문을 듣고 따라 해보세요.

 I'm going to burst.
Justin   나 배 터질 것 같아.

 Stop eating, then.
Sally   그럼, 그만 좀 먹어.

 I can't. It's so good.
Justin   못 멈추겠어. 너무 맛있단 말이야.

DAY 45

오늘 정신없이 바빴어.

영혼까지 털린 듯

I had a hectic day today.

hectic은 '정신없이 바쁜, 빡빡한'이란 뜻이에요. 눈코 뜰 새 없이 바쁜 하루를 보냈을 때 사용해 보세요.

📢 이 표현을 사용한 실제 대화문을 듣고 따라 해보세요.

Andy

I had a hectic day today.
오늘 정신없이 바빴어.

Sally

Yeah, you look tired.
그래, 너 피곤해 보인다.

Andy

I think I'll go to bed early.
일찍 자려고.

오늘 좀 한가했어.

It was slow today.

좋은 건지~
나쁜 건지~

여기에서 slow는 '느리다'라는 뜻이 아니라, 일이 없는 한가한 상태를 의미해요.

  이 표현을 사용한 실제 대화문을 듣고 따라 해보세요.

Amy

It was slow today. There weren't many orders.

오늘 좀 한가했어. 주문이 별로 없었거든.

Justin

It's probably because we had so much snow.

아마도 눈이 너무 많이 와서 그런가 봐.

Amy

That could be why.

그래서일 수도 있겠다.

좋겠다!

Lucky you!

완전
부럽

직역하면 '운 좋은 너!'라는 뜻으로, 상대에게 좋은 일이 있어서 부럽거나 같이 기뻐할 때 사용할 수 있어요.

 이 표현을 사용한 실제 대화문을 듣고 따라 해보세요.

 I'm going to Rome this summer.
Amy　나 이번 여름에 로마 갈 거야.

 Lucky you!
Justin　좋겠다!

 I'm so excited!
Amy　나 너무 신나!

어쩌라고?

So what?

관심
없거든?

직역하면 '그래서 뭐?'라는 뜻으로, 누군가 내 관심 밖의 얘기를 계속 말할 때 쓸 수 있어요.

 이 표현을 사용한 실제 대화문을 듣고 따라 해보세요.

 Check it out! I bought a new convertible.
Andy
이것 좀 봐라! 나 오픈카 새로 샀어.

 So what?
Sally
어쩌라고?

 Come on! I know you're jealous!
Andy
에이~! 부러운 거 다 알아!

이거 지금 완전 유행이야.

It's all the rage now.

rage는 '분노' 외에도, '유행'이라는 뜻이 있어요. 요새 핫한 유행에 대해 얘기할 때 사용해 보세요.

 이 표현을 사용한 실제 대화문을 듣고 따라 해보세요.

Justin

Why did you dye your hair pink?
머리 왜 핑크색으로 염색했어?

Amy

It's all the rage now.
이거 지금 완전 유행이야.

Justin

No wonder I've seen that color a lot recently.
어쩐지 최근에 그 색 많이 보이더라.

무료 강의 및 MP3 바로 듣기 ▶

이거 유행 다 지났어.

그건 아냐~

It's out of style.

아빠 옷인 줄...

out of는 '~의 밖으로'라는 의미예요. 스타일의 밖으로 갔다는 것은 유행이 지났다는 의미겠죠.

 이 표현을 사용한 실제 대화문을 듣고 따라 해보세요.

Andy

I bought this jean jacket yesterday.
나 어제 이 청재킷 샀어.

Sally

I'm sorry, but it's out of style.
미안한 말이지만, **이거 유행 다 지났어.**

Andy

It's fine. I don't care about fashion trends.
괜찮아. 난 유행에 신경 안 써.

DAY 48

이번엔 내가 봐준다.

I'll let it slide this time.

딱 한 번만 봐준다!

slide는 '미끄러지다'라는 뜻으로, 이번에만 실수를 넘어가 주겠다는 의미로 사용돼요.

📢 이 표현을 사용한 실제 대화문을 듣고 따라 해보세요.

What happened to my book?
내 책 왜 이렇게 됐어?
Justin

I spilled water on it. I'm sorry.
내가 그 위에 물 쏟았어. 미안해.
Amy

Oh. **I'll let it slide this time.**
이런. **이번엔 내가 봐준다.**
Justin

참을 만큼 참았어.

I've had it.

멍청이!
바보!
말미잘!
해삼!

해커스톡 영어회화 10분의 기적 : 케케묵은 말하기

have(가지다)는 '참다, 허용하다'라는 뜻도 있어요. 화가 나는 상황이 계속 반복되어 더 이상 못 참겠다는 의미로 사용하는 표현이에요.

 이 표현을 사용한 실제 대화문을 듣고 따라 해보세요.

Sally

Why didn't you pick me up?
나 왜 안 데리러 왔어?

Andy

Did I say that? I don't remember that...
내가 그런다고 말했어? 난 그런 기억 없는데…

Sally

You always do this! **I've had it.**
넌 항상 이런 식이야! **참을 만큼 참았어.**

sore는 '아픈', throat은 '목구멍'이라는 의미예요. 편도선이 부었거나 목이 따끔거릴 때도 사용해 보세요.

 이 표현을 사용한 실제 대화문을 듣고 따라 해보세요.

Why are you wearing a scarf?
목도리는 왜 하고 있어요?

 Mike

I've got a sore throat.
목이 따끔따끔해요.

 Amy

Oh. Gargling with salt water should help.
아. 소금물로 가글하는 것이 도움이 될 거예요.

 Mike

콧물이 나요.

I have a runny nose.

팽~~ 홀쩍~

runny는 '흐르는, 묽은'이라는 의미예요. 콧물이 흐르는 증상이 있을 때도 사용해요.

 이 표현을 사용한 실제 대화문을 듣고 따라 해보세요.

What are your symptoms?
증상이 어떻게 되세요?
Doctor

I have a runny nose.
콧물이 나요.
Sally

OK. I'll give you a prescription for that.
네. 처방전을 드릴게요.
Doctor

싸게 잘 샀어.

It was a good deal.

'좋은 거래'를 뜻하는 good deal은 쇼핑 말고도 거래나 계약 등을 잘한 경우에도 사용할 수 있어요.

이 표현을 사용한 실제 대화문을 듣고 따라 해보세요.

I bought a ticket to Spain.
나 스페인행 티켓 샀어.
Amy

Aren't tickets expensive right now?
지금 티켓 비싸지 않아?
Justin

No. It was a good deal.
아니. 싸게 잘 샀어.
Amy

무료 강의 및 MP3 바로 듣기 ▶

나 바가지 썼네.

I got ripped off.

앍~   아까운 내 돈~

rip은 '뜯어내다'라는 의미로, got ripped off는 '돈을 뜯기다', 즉 '바가지를 쓰다'라는 표현이에요.

 이 표현을 사용한 실제 대화문을 듣고 따라 해보세요.

Andy

I paid $500 for this phone.
나 이 핸드폰 500달러 주고 샀어.

Sally

What? It's only half that price online.
뭐? 인터넷에서 그 절반 가격밖에 안 해.

Andy

Really? I got ripped off.
정말? 나 바가지 썼네.

DAY 51

다이어트는 내일부터.

My diet starts tomorrow.

다이어트 참 어렵죠? 오늘까지만 먹고 내일부터는 다이어트를 꼭 시작하겠다는 재미있는 표현이에요.

 이 표현을 사용한 실제 대화문을 듣고 따라 해보세요.

 The fried shrimp is so good.
Sally   새우튀김 너무 맛있다.

 Should we order more?
Andy   우리 더 시킬까?

 Sure. **My diet starts tomorrow.**
Sally   그래. 다이어트는 내일부터.

나 지금 다이어트 중이야.

I'm on a diet.

놉! 안돼!

on a diet는 '다이어트 중'이라는 뜻으로, '다이어트 중이라 안 먹겠다'는 의미로도 사용할 수 있어요.

 이 표현을 사용한 실제 대화문을 듣고 따라 해보세요.

Amy

Your burger looks good.
너 햄버거 맛있어 보인다.

Justin

Here. Have a bite.
여기. 한 입 먹어.

Amy

I can't. I'm on a diet.
안 돼. 나 지금 다이어트 중이야.

아무짝에도 쓸모가 없어.

It's useless.

그냥 버리자~

useless는 '쓸모없는'이라는 의미로 불필요한 것을 가리킬 때 사용하는 표현이에요.

 이 표현을 사용한 실제 대화문을 듣고 따라 해보세요.

 Andy
Let's throw this away.
우리 이거 버리자.

 Amy
This MP3 player?
이 MP3?

 Andy
Yes. It's useless.
응. 아무짝에도 쓸모가 없어.

쓸 데가 있을지 몰라.

It might come in handy.

지금은 아니지만

언제가는

handy는 '유용한'이라는 뜻으로, '당장은 필요 없어도 나중에 필요할 수도 있다'라는 느낌의 표현이에요.

 이 표현을 사용한 실제 대화문을 듣고 따라 해보세요.

Justin

Don't throw away my camera!
내 카메라 버리지 마!

Sally

Why not? You don't use it anymore.
왜? 너 이제 이거 안 쓰잖아.

Justin

It might come in handy someday.
언젠가 쓸 데가 있을지 몰라.

행운을 빌게.

I'll cross my fingers for you.

굿 럭

중세유럽에서 검지와 중지를 십자가처럼 꼬아 불행을 쫓은 데서 유래한 표현이에요.
손 모양을 함께 만들면서 말해보세요.

 이 표현을 사용한 실제 대화문을 듣고 따라 해보세요.

 Why do you seem so nervous?
Amy 왜 그렇게 안절부절못해?

 I have an important test tomorrow.
Sally 나 내일 중요한 시험이 있어.

 Oh, **I'll cross my fingers for you.**
Amy 아, **행운을 빌게.**

김칫국 마시지 마.

Don't get ahead of yourself.

되고 나서 얘기해.

직역하면 '너 자신보다 앞서가지 마'란 뜻으로, 확실치 않은 기대를 하는 상대에게 사용할 수 있어요.

📢 이 표현을 사용한 실제 대화문을 듣고 따라 해보세요.

Andy
Did you buy all these lottery tickets?
너 이 복권들 다 산 거야?

Justin
Yes. I'm going to buy a new car.
응. 나 새 차 한 대 장만하려고.

Andy
Don't get ahead of yourself.
김칫국 마시지 마.

비가 쏟아진다.

쏴— ㅏ

It's pouring.

pour는 '마구 쏟아지다'라는 뜻이에요. 비가 억수같이 퍼붓고 있는 상황에서 사용할 수 있어요.

📢 이 표현을 사용한 실제 대화문을 듣고 따라 해보세요.

 It's pouring.
Justin   비가 쏟아진다.

 Oh no. I don't have an umbrella.
Amy   이런. 나 우산 없는데.

 I have an extra one. You can use it.
Justin   나 남는 거 하나 있어. 그거 써도 돼.

비가 오다 말다 그래.

It's been raining on and off.

흠...
우산을 사?
말어?

on and off는 스위치가 켜졌다(on) 꺼졌다(off)하는 모습처럼 하다 말다 하는 느낌이에요. 비가 오락가락 내리고 있을 때 쓸 수 있어요.

 이 표현을 사용한 실제 대화문을 듣고 따라 해보세요.

 It's been raining on and off all day.

Andy 온종일 비가 오다 말다 그래.

 Well, it's the rainy season.

Sally 음, 장마철이잖아.

 I hope it passes soon.

Andy 빨리 지나갔으면 좋겠다.

그거 좀 싸구려 같아 보여.

It looks a bit tacky.

나 같음 안 산다~

tacky는 '싸구려 같은'이라는 의미예요. 싼 티 나는 제품을 묘사할 때 사용할 수 있어요.

 이 표현을 사용한 실제 대화문을 듣고 따라 해보세요.

 Andy
Should we get this lamp?
우리 이 램프 살까?

 Sally
It looks a bit tacky.
그거 좀 싸구려 같아 보여.

 Andy
Hmm. OK. Let's look for another one.
흠. 그래. 다른 걸 찾아보자.

그거 좀 고급스러워 보인다.

It looks pretty fancy.

오~ 오~

fancy는 '고급스러운, 값비싼'이라는 의미예요. 가격이 있어 보이는 제품에 대해 이야기할 때 사용해 보세요.

 이 표현을 사용한 실제 대화문을 듣고 따라 해보세요.

 I got this new speaker.
Amy
나 이 스피커 새로 샀어.

 It looks pretty fancy.
Justin
그거 좀 고급스러워 보인다.

 Right? It's expensive.
Amy
그치? 비싼 거야.

DAY 56

나 피자가 너무 땡겨.

하와이안 피자
스테이크 피자
뻬뻬로니 피자
고구마 피자

I'm craving pizza.

crave는 '갈망하다'라는 뜻이에요. 음식이 땡길 때 말고도 무언가를 간절히 바랄 때도 사용할 수 있어요.

📢 이 표현을 사용한 실제 대화문을 듣고 따라 해보세요.

I'm craving pizza.
나 피자가 너무 땡겨.
Amy

I'm craving fried chicken.
난 치킨이 땡기는데.
Andy

Let's get both.
둘 다 먹자.
Amy

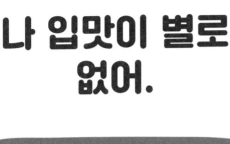

appetite는 '식욕, 입맛'이라는 뜻이에요. 앞에 no가 있으니, 입맛이 없다는 뜻이겠죠.

 이 표현을 사용한 실제 대화문을 듣고 따라 해보세요.

 I have no appetite.
Justin 나 입맛이 별로 없어.

 What's wrong?
Sally 무슨 일 있어?

 I don't know. I'm just really tired.
Justin 잘 모르겠어. 그냥 너무 피곤해.

DAY 57

너 진짜 바쁘겠다.

You must have a full plate.

매우 빡빡한 일정을 음식이 가득 담긴 접시로 비유한 표현이에요.

 이 표현을 사용한 실제 대화문을 듣고 따라 해보세요.

 Andy
I'm working two jobs.
나 투잡 뛰고 있어.

 Amy
You must have a full plate.
너 진짜 바쁘겠다.

 Andy
Yep. I'm almost never at home.
응. 나 집에 거의 없어.

너 엄청 한가하겠다.

You must have nothing to do.

암 것도 안 함?

직역하면 '너는 해야 할 일이 아무것도 없겠다'라는 의미예요. 특별한 일 없이 한가한 사람에게 쓸 수 있어요.

 이 표현을 사용한 실제 대화문을 듣고 따라 해보세요.

 I took a year off from school.
Sally   나 1년 휴학했어.

 You must have nothing to do.
Justin   너 엄청 한가하겠다.

 Yeah. But it's also nice to take a break.
Sally   응. 하지만 좀 쉬는 것도 좋은 것 같아.

DAY 58

지금이 아니면 안 돼!

It's now or never!

인생은 타이밍이죠. '지금 아니면 절대 안 돼'라는 뜻으로, 다시는 오지 않을 기회가 왔을 때 말해 보세요.

 이 표현을 사용한 실제 대화문을 듣고 따라 해보세요.

 Are you really going to start your own business?
Amy 너 진짜 사업 시작할 거야?

 Yes. It's now or never!
Andy 응. 지금이 아니면 안 돼!

 Well, good luck to you then.
Amy 흠, 그럼 행운을 빌게.

무료 강의 및 MP3 바로 듣기 ▶

지금은 좀 그래.

Now isn't a good time.

지금 말고...

'지금은 좋은 때가 아니야'라는 의미예요. 무언가를 당장 할 수 없거나 좋은 타이밍이 아니라고 생각할 때 말해 보세요.

 이 표현을 사용한 실제 대화문을 듣고 따라 해보세요.

Sally

Why don't you ask Kate out?
Kate한테 데이트 신청해보지 그래?

Justin

I can't. Now isn't a good time.
안 돼. 지금은 좀 그래.

Sally

That's just an excuse.
그건 그냥 핑계야.

DAY 59

정말 고마워!

Thanks a million!

완전 땡큐

직역하면 '백만 번 고마워!'라는 뜻으로, 가까운 사이에서 정말 고맙다고 강조하고 싶을 때 쓸 수 있어요.

 이 표현을 사용한 실제 대화문을 듣고 따라 해보세요.

 I have to make 200 copies of this!
Amy 나 이거 복사 200장이나 해야 해!

 Oh, do you want me to help you?
Andy 아, 내가 도와줄까?

 Really? Thanks a million!
Amy 진짜? 정말 고마워!

번거롭게 그러지 마.

Don't bother.

그럴 필요 없어~

bother는 '일부러 ~하다, 애쓰다'라는 뜻이에요. don't를 붙여 일부러 그럴 필요 없다고
말할 때 사용할 수 있어요.

 이 표현을 사용한 실제 대화문을 듣고 따라 해보세요.

 I'm moving into a new place.
Sally 나 새집으로 이사 가.

 Why don't I help you?
Justin 내가 도와줄까?

 Don't bother. My brother's going to help.
Sally **번거롭게 그러지 마.** 남동생이 도와줄 거야.

너 핵노답이다.

You're hopeless.

hopeless는 '가망 없는'이라는 뜻이에요. 공격적으로 들릴 수 있는 표현이니 주의해서 사용하세요.

이 표현을 사용한 실제 대화문을 듣고 따라 해보세요.

I spent my whole paycheck on this bag.
Sally   나 이 가방 사느라 월급 다 썼어.

Again? You're hopeless.
Andy   또? 너 핵노답이다.

You only live once.
Sally   인생은 한 번뿐이잖아.

무료 강의 및 MP3 바로 듣기 ▶

너 대단하다.

That's impressive.

우~ 와~

impressive는 '인상 깊은'이라는 의미예요. 상대방의 어떤 점이 인상 깊거나 대단하다고
생각할 때 얘기할 수 있어요.

이 표현을 사용한 실제 대화문을 듣고 따라 해보세요.

I usually save 80% of my income.

Amy 난 보통 수입의 80%를 저축해.

That's impressive.

Justin 너 대단하다.

You never know what will happen.

Amy 무슨 일이 일어날지 모르잖아.

DAY 60

해커스톡 영어회화 10분의 기적 케바케 콘라 알아키

그 얘긴 그만해.

Drop the subject.

drop(떨어뜨리다)은 '그만두다'라는 뜻도 있어요. 말하고 싶지 않은 일에 대해 누군가 꼬치꼬치 물을 때 이렇게 말해보세요.

 이 표현을 사용한 실제 대화문을 듣고 따라 해보세요.

 I broke up with Alice.
Justin 나 Alice랑 헤어졌어.

 Why? When? What happened? Tell me!
Amy 왜? 언제? 무슨 일 있었어? 말해줘!

 Just drop the subject.
Justin 그냥 **그 얘긴 그만해.**

우리 얘기 좀 하자.

We should talk.

얘기 좀 ...!

가볍게 수다를 떠는 것이 아니라, 진지하고 심각한 대화가 필요할 때 쓰는 표현이에요.

 이 표현을 사용한 실제 대화문을 듣고 따라 해보세요.

When are we getting married?
Sally 우린 언제 결혼하는 거야?

Well, when the time is right.
Andy 뭐, 때가 되면.

I'm being serious. We should talk.
Sally 나 지금 진지하다고. **우리 얘기 좀 하자.**

버스는 이미 떠났어.

That ship has sailed.

sail은 '출항하다'라는 의미예요. 배가 출항해서 이미 떠난 것처럼 기회를 놓친 상황에서 사용해요.

📢 이 표현을 사용한 실제 대화문을 듣고 따라 해보세요.

Are tickets still available for the show?
Sally 공연 표 아직 살 수 있어?

Nope. That ship has sailed.
Andy 아니. 버스는 이미 떠났어.

Ugh. I really wanted to see it!
Sally 악. 나 그거 정말 보고 싶었는데!

기회는 또 있어.

There's always next time.

다음 기회를 노려보자

next time은 '다음 기회, 다음번'이라는 의미예요. 기회는 또 있다고 위로할 때 사용할 수 있어요.

 이 표현을 사용한 실제 대화문을 듣고 따라 해보세요.

 Justin
I should've bought those stocks last month.
지난달에 그 주식을 샀어야 했는데.

 Amy
There's always next time.
기회는 또 있어.

 Justin
When? Now the price has gone up too much.
언제? 이제 가격이 너무 많이 올랐단 말이야.

DAY 63

그게 점점 좋아져.

It's growing on me.

빠져드는 중

처음에는 그냥 그랬거나 별로였지만 점점 좋아지고 있다고 말할 때 사용할 수 있어요.
It 대신 사람을 넣어 말할 수도 있어요.

📢 이 표현을 사용한 실제 대화문을 듣고 따라 해보세요.

Justin

I don't like sushi.
난 초밥 안 좋아해.

Sally

I didn't either, but it's growing on me.
나도 그랬는데, 그게 점점 좋아져.

Justin

Really? Maybe I'll try it again.
정말? 아무래도 다시 시도해봐야겠다.

그거 지겨워 죽겠어.

I'm so sick of it.

또?

sick은 '지겨운, 신물 나는'이란 뜻이 있어요. 어떤 상황이 지긋지긋할 때 쓸 수 있어요.

📢 이 표현을 사용한 실제 대화문을 듣고 따라 해보세요.

Amy

I made curry and rice.
나 카레라이스 만들었어.

Andy

Not again! I'm so sick of it.
또 야? 그거 지겨워 죽겠어.

Amy

Then tell me what you want to eat.
그럼 네가 먹고 싶은 게 뭔지 말해 봐.

못 믿겠어요.

I don't buy it.

buy는 '믿다'라는 뜻도 있어요. don't를 붙여 상대방의 말이 믿기 어렵다고 말할 수 있어요.

 이 표현을 사용한 실제 대화문을 듣고 따라 해보세요.

 You're saying this is 50% off?
Andy 이게 50% 할인이라는 말씀이세요?

 Yes. And you even get a free gift.
Clerk 네. 그리고 무료 사은품까지 받으실 수 있어요.

 Nah, I don't buy it.
Andy 에이, **못 믿겠어요.**

혹하는데요?

> **That's very tempting.**

팔랑 팔랑

tempting은 '혹하는, 구미가 당기는'이라는 뜻이에요. 솔깃한 제안을 받았을 때 말해 보세요.

 이 표현을 사용한 실제 대화문을 듣고 따라 해보세요.

 Why is this vacation package so cheap?
Justin 이 휴가 패키지는 왜 이렇게 저렴해요?

 We're having a last-minute sale.
Clerk 저희가 마감 할인 행사 중이거든요.

 That's very tempting. I'll think about it.
Justin 혹하는데요? 한번 생각해 볼게요.

눈치 못 챘어.

I didn't notice it.

notice는 '알아채다'라는 의미예요. 앞에 didn't가 있으니, 눈치채지 못했다는 뜻이겠죠.

 이 표현을 사용한 실제 대화문을 듣고 따라 해보세요.

 Sally

Do you like my new haircut?
나 새로 머리 자른 거 괜찮아?

 Justin

Oh, I didn't notice it.
아, 눈치 못 챘어.

 Sally

How? I cut 10 centimeters off!
어떻게 그래? 10센티나 잘랐다고!

그래 보이네.

I can tell.

tell은 '알다'라는 뜻도 있어서 직역하면 '나는 알 수 있다'란 의미인데, 어떤 변화나
힌트를 알아챘을 때 쓰는 표현이에요.

 이 표현을 사용한 실제 대화문을 듣고 따라 해보세요.

 Amy

I've been working out recently.
나 최근에 운동하고 있어.

 Andy

I can tell. You look good.
그래 보이네. 좋아 보인다.

 Amy

Thanks! You should join a gym, too.
고마워! 너도 헬스장 가입해.

DAY 66

걔는 너무 까탈스러워.

She's so demanding.

demanding은 demand(요구하다)에서 나온 말로, '까다로운, 요구사항이 많은'이라는 의미예요.

 이 표현을 사용한 실제 대화문을 듣고 따라 해보세요.

Sally

I hate traveling with my sister.
내 여동생이랑 여행하는 거 너무 싫어.

Andy

Why?
왜?

Sally

She's so demanding. I can't relax at all.
걔는 너무 까탈스러워. 전혀 여유롭게 쉴 수가 없거든.

걔는 성격이 무던해.

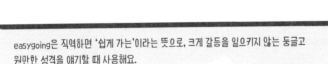

She's easygoing.

내 친구지만 참 착해~ 애가~

easygoing은 직역하면 '쉽게 가는'이라는 뜻으로, 크게 갈등을 일으키지 않는 둥글고 원만한 성격을 얘기할 때 사용해요.

 이 표현을 사용한 실제 대화문을 듣고 따라 해보세요.

Amy

I'm getting along well with my roommate.
난 내 룸메랑 사이 좋게 잘 지내고 있어.

Justin

You guys haven't had a fight?
너희들은 싸운 적 없어?

Amy

Nope. She's easygoing.
응. 걔는 성격이 무던해.

말만 해.

You name it.

소원을 말해봐~

name(이름)은 '말하다'라는 뜻도 있어요. '네가 말해봐, 이름만 대봐'라는 느낌의 표현이에요.

 이 표현을 사용한 실제 대화문을 듣고 따라 해보세요.

 Can I ask you for a favor?
Justin
나 부탁 하나만 해도 돼?

 You name it.
Amy
말만 해.

 Can you watch my dog this weekend?
Justin
이번 주말에 우리 강아지 좀 봐줄 수 있어?

무료 강의 및 MP3 바로 듣기 ▶

꿈 깨!

You wish!

현실 파악 좀!

wish는 가망성이 낮은 일을 '바라다'라는 뜻이에요. 말도 안 되는 부탁을 하거나 희망
사항을 얘기하는 상대에게 '어림도 없다'고 말하고 싶을 때 써보세요.

 이 표현을 사용한 실제 대화문을 듣고 따라 해보세요.

Andy

Can I borrow your car?
나 차 좀 빌려줄 수 있어?

Sally

You wish! You're the worst driver I know!
꿈 깨! 넌 내가 아는 사람 중 최악의 드라이버야!

Andy

Oh, come on. I'm not that bad.
에이, 그러지 말고. 나 그 정도로 나쁘진 않아.

tone-deaf는 tone(음)과 deaf(귀가 먹은)가 합쳐진 단어예요. 누군가 나에게 노래를 억지로 시킬 때 사용해 보세요.

📢 이 표현을 사용한 실제 대화문을 듣고 따라 해보세요.

Sally
Do you want to join us for karaoke?
우리 노래방 가는데 같이 갈래?

Andy
No way. I'm tone-deaf.
싫어. 나 음치야.

Sally
Really? I had no idea.
진짜? 전혀 몰랐네.

무료 강의 및 MP3 바로 듣기 ▶

나 박치야.

> I have no sense of rhythm.

박자의 박도 모름

sense는 '감각'이라는 뜻이에요. 이 표현은 박자(rhythm)에 대한 감각(sense)이 없다(no)는 것을 의미해요.

DAY 68

해커스톡 영어회화 10분의 기적 케바케 끝판왕 말하기

 이 표현을 사용한 실제 대화문을 듣고 따라 해보세요.

 Amy

Let's take a dance class together.

우리 댄스 수업 같이 듣자.

 Justin

I have no sense of rhythm.

나 박치야.

 Amy

Who cares? It'll be fun.

뭐 어때? 재미있을 거야.

DAY
69

에구 불쌍해라.

You poor thing.

안타깝...

poor는 '불쌍한'이라는 뜻이에요. 이런 감정 뒤에 thing이 오면 '~한 사람'이란 뜻이
돼요.

 이 표현을 사용한 실제 대화문을 듣고 따라 해보세요.

 Jenny broke up with me. What should I do?
Andy   Jenny가 헤어지자고 했어. 나 어떡하지?

 Oh no. You poor thing.
Amy   어떡해. 에구 불쌍해라.

 I'm so depressed.
Andy   나 너무 우울해.

그만 좀 징징대.

Stop whining.

어우   징징이

whine은 '징징대다'라는 의미예요. 징징거리는걸 더 이상 듣기 싫을 때 이 표현을 사용해 보세요.

 이 표현을 사용한 실제 대화문을 듣고 따라 해보세요.

 I miss my ex-girlfriend so much.
Justin   전 여자친구가 너무 보고 싶어.

 Stop whining.
Sally   그만 좀 징징대.

 You don't understand love.
Justin   넌 사랑을 몰라.

나 요즘 너무 바빠.

휴...

I'm really tied up these days.

정신없다

tied up은 '묶여있는'이란 뜻으로, tied up은 어딘가에 묶여있는 것처럼 할 일이 많고 바쁘다는 의미예요.

 이 표현을 사용한 실제 대화문을 듣고 따라 해보세요.

 How are you doing?
Justin 어떻게 지내?

 I'm really tied up these days. I found a new job.
Sally **나 요즘 너무 바빠.** 이직했거든.

 Really? You must have a full plate.
Justin 정말? 너 진짜 바쁘겠다.

난 그럭저럭 지내.

I can't complain.

그럭 저럭

불평을 할 수 없다는 뜻이 아니라, 큰 문제 없이 잘 지내고 있다는 느낌의 표현이에요.

 이 표현을 사용한 실제 대화문을 듣고 따라 해보세요.

 Andy
How's it going?
어떻게 지내?

 Amy
I can't complain. What about you?
난 그럭저럭 지내. 너는 어때?

 Andy
It's going OK.
잘 지내고 있어.

입에 침이 고여.

My mouth is watering.

water는 '침이 고이다'라는 뜻도 있어요. 눈앞에 있는 음식이 굉장히 맛있어 보일 때 사용해 보세요.

 이 표현을 사용한 실제 대화문을 듣고 따라 해보세요.

 Amy
Ta-da! I baked this pie myself.
짜잔! 내가 이 파이 직접 구웠어.

 Justin
My mouth is watering.
입에 침이 고여.

 Amy
Help yourself.
맘껏 먹어.

완전 맛없어 보여.

It looks gross.

우 웩

gross는 '역겨운, 징그러운'이라는 의미인데, 너무 맛없어 보여서 먹기 싫은 음식에도 쓸 수 있어요.

 이 표현을 사용한 실제 대화문을 듣고 따라 해보세요.

 You want to try some broccoli soup?

Sally
브로콜리 수프 좀 먹어볼래?

 Nope. It looks gross.

Andy
아니. 완전 맛없어 보여.

 It's good for your health.

Sally
이거 몸에 좋은 거야.

DAY 72

도전해봐!

Go for it!

직역하면 '그것을 향해 가라!'라는 뜻인데, 상대방에게 도전해보라고 응원하는 표현이에요.

 이 표현을 사용한 실제 대화문을 듣고 따라 해보세요.

Justin
I'm thinking of taking a kickboxing class.
나 킥복싱 수업 들을까 생각 중이야.

Amy
That's cool. Go for it!
멋지다. 도전해봐!

Justin
I'll search for one tonight.
오늘 밤에 찾아보려고.

무료 강의 및 MP3 바로 듣기 ▶

하지 말지.

You better not.

상대방이 하려는 것에 대해 '하지 마라, 하지 않는 게 좋겠다'라는 의미예요. 상황에 따라 협박처럼 들릴 수도 있으니 주의하세요.

 이 표현을 사용한 실제 대화문을 듣고 따라 해보세요.

Andy

I'm going to try skydiving.

나 스카이다이빙 해볼 거야.

Sally

You better not. It could be dangerous.

하지 말지. 위험할 수도 있어.

Andy

Don't worry. I'll be fine.

걱정 마. 괜찮을 거야.

DAY 73

얼마든지.

Be my guest.

맘껏 먹어~
많이 있어~

손님(guest)이 왕이라는 말이 있죠. 이 표현은 상대에게 원하는 대로 하라는 의미예요.

이 표현을 사용한 실제 대화문을 듣고 따라 해보세요.

 Can I have some more cookies?
Amy   나 쿠키 좀 더 먹어도 돼?

 Be my guest.
Andy   얼마든지.

 Thanks! They're so good!
Amy   고마워! 이거 진짜 맛있다!

무료 강의 및 MP3 바로 듣기 ▶

죽었다 깨어나도 안 돼.

Over my dead body.

절대 안 돼

DAY 3

해커스톡 영어회화 10분의 기적 케바케 끊임 없이 말하기

중세 기사들이 목숨 걸고 무언가를 지킬 때, 기사를 죽여야만 그것을 빼앗을 수 있던 것에서 유래한 표현이에요.

 이 표현을 사용한 실제 대화문을 듣고 따라 해보세요.

Amy

I want to wear your black dress tonight.

나 오늘 저녁에 언니 블랙 원피스 좀 입고 싶어.

Sally

Over my dead body.

죽었다 깨어나도 안 돼.

Amy

But it's my first date today.

하지만 나 오늘 첫 데이트란 말이야.

교재 표현 & 대화문 MP3 HackersTalk.co.kr 155

감기 조심해.

Don't catch a cold.

catch a cold는 '감기에 걸리다'라는 의미예요. 직역하면 '감기 걸리지마', 즉 감기 조심
하라는 뜻이에요.

 이 표현을 사용한 실제 대화문을 듣고 따라 해보세요.

 I'm going out for a jog.
Sally 나 조깅하러 나가.

 Don't catch a cold.
Justin 감기 조심해.

 Don't worry. I don't get sick that easily.
Sally 걱정 마. 나 그렇게 쉽게 아프지 않아.

옷 따뜻하게 껴입어.

Bundle up.

밖에
춥다~

bundle up은 '(옷을) 껴입다'라는 의미예요. 날씨가 추울 때 이 표현을 써서 옷을 껴입으라고 얘기해 보세요.

 이 표현을 사용한 실제 대화문을 듣고 따라 해보세요.

 I'm going ice-skating now.
Andy
나 지금 스케이트 타러 갈 거야.

 Bundle up. It's really cold today.
Amy
옷 따뜻하게 껴입어. 오늘 정말 춥다.

 I'm already wearing two layers.
Andy
나 이미 두 겹이나 입고 있어.

해커스톡 영어회화 10분의 기적
 께따꺼 둘러 묻기

DAY 74

준비 다 됐어.

I'm all set.

all set은 '준비가 다 된'이라는 의미예요. 운동 경기에서 'Ready, Set, Go(제자리에, 준비, 출발)!'라고 말하는 것을 떠올려 보세요.

 이 표현을 사용한 실제 대화문을 듣고 따라 해보세요.

 Andy
Do you still need more time?
아직도 시간 더 필요해?

 Sally
No. **I'm all set.**
아니. 준비 다 됐어.

 Andy
What a surprise!
이게 웬일이래!

무료 강의 및 MP3 바로 듣기 ▶

조금만 기다려 줘.

Just hang on a minute.

잠깐만~

hang on은 '기다리다'라는 의미예요. a minute은 정확히 1분을 말하는 것이 아니라, 짧은 시간을 가리켜요.

 이 표현을 사용한 실제 대화문을 듣고 따라 해보세요.

 Are you ready?

Justin   준비됐어?

 Just hang on a minute.

Amy   조금만 기다려 줘.

 We're going to be late for the show!

Justin   우리 이러다 공연에 늦겠어!

나 핸드폰 배터리 나갔어.

My phone died.

배터리가 나가 전원이 꺼졌을 때 이렇게 말해요. 혹은 핸드폰이 망가져서 못쓰게 됐을
때도 쓸 수 있어요.

 이 표현을 사용한 실제 대화문을 듣고 따라 해보세요.

 Amy
My phone died.
나 핸드폰 배터리 나갔어.

 Justin
I have a spare charger. Here.
나한테 남는 충전기 하나 있어. 여기.

 Amy
Thanks a million!
정말 고마워!

무료 강의 및 MP3 바로 듣기 ▶

나 핸드폰 액정 깨졌어.

I cracked my phone screen.

crack은 '갈라지다, 깨지다'라는 뜻으로, 핸드폰 액정이 박살 난 상태를 묘사한 표현이에요.

이 표현을 사용한 실제 대화문을 듣고 따라 해보세요.

Sally

I cracked my phone screen.
나 핸드폰 액정 깨졌어.

Andy

Isn't that the third time this year?
그거 올해 3번째 아냐?

Sally

Yes. Maybe it's a sign to get a new phone.
응. 아마도 새 폰을 사라는 뜻인가 봐.

모르는 게 나아.

You don't want to know.

모르는 게
약

직역하면 '너는 알고 싶지 않아'란 뜻으로, '모르는 게 좋을 텐데'라는 느낌의 표현이에요.

 이 표현을 사용한 실제 대화문을 듣고 따라 해보세요.

 So, what did the boss say?
Sally 그래서, 사장님이 뭐라고 하셨어?

 You don't want to know.
Andy 모르는 게 나아.

 I do! Tell me!
Sally 알고 싶어! 나도 말해줘!

무료 강의 및 MP3 바로 듣기 ▶

너만 알고 있어.

Keep it to yourself.

쉿

keep은 '비밀을 지키다'라는 의미가 있어요. '비밀이니 너만 알고 있어'라는 뜻으로
사용할 수 있어요.

 이 표현을 사용한 실제 대화문을 듣고 따라 해보세요.

Amy

Is Kevin really quitting?
Kevin 진짜 그만둔대?

Justin

Keep it to yourself. He's still thinking about it.
너만 알고 있어. 걔 아직 고민 중이래.

Amy

Don't worry. I won't tell anyone.
걱정 마. 아무한테도 얘기 안 할게.

나도 같은 생각이야.

Same here.

미투

직역하면 '여기도 같아'라는 뜻으로, 누군가의 의견이나 생각에 동의할 때 자주 써요.

 이 표현을 사용한 실제 대화문을 듣고 따라 해보세요.

 I think the deadline is too tight.
Sally   내 생각에 마감일이 너무 빡빡한 것 같아.

 Same here. This is too much.
Justin   나도 같은 생각이야. 이건 좀 심한 것 같아.

 Let's go talk to the manager.
Sally   매니저한테 가서 얘기하자.

무료 강의 및 MP3 바로 듣기 ▶

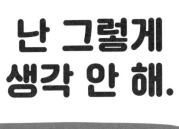

난 그렇게 생각 안 해.

I don't see it that way.

글쎄

see(보다)는 '~라고 생각하다'라는 뜻도 있어요. don't를 붙여 어떤 의견에 동의하지 않을 때 써 보세요.

 이 표현을 사용한 실제 대화문을 듣고 따라 해보세요.

 Andy
This painter is terrible. Anyone could paint this.
이 화가 최악이야. 이건 아무나 그릴 수 있겠다.

 Amy
I don't see it that way. I think it's unique.
난 그렇게 생각 안 해. 내가 보기엔 독창적인 것 같아.

 Andy
Well, I don't like it at all.
흠, 난 완전 별로야.

몸이 안 좋았다고 할 때 절대 'my condition wasn't good'이라는 콩글리시로 말하지
않도록 주의하세요.

 이 표현을 사용한 실제 대화문을 듣고 따라 해보세요.

 Why didn't you come yesterday?
Amy 어제 왜 안 왔어?

 I didn't feel very good.
Justin 몸이 좀 안 좋았어.

 Oh, that's too bad. The party was so much fun.
Amy 아, 안 됐다. 파티 너무 재미있었는데.

늦잠 잤어.

I overslept.

아직 덜 깸

노곤

노곤

oversleep은 over(시간을 넘어)와 sleep(자다)이 합쳐진 단어에요. 평소보다 더 늦게 일어났을 때 이렇게 말해요.

 이 표현을 사용한 실제 대화문을 듣고 따라 해보세요.

Sally

I didn't see you at the meeting this morning.
너 오늘 아침 회의에서 안 보이던데.

Andy

I overslept. My alarm didn't go off.
늦잠 잤어. 알람이 안 울렸거든.

Sally

Did you get in trouble?
혼났어?

DAY 80

내가 걔 찼어.

I turned him down.

걘 아냐

거절

turn down은 '거절하다'라는 의미예요. 고백한 사람을 거절하거나 어떤 제안을 거절할 때도 쓸 수 있어요.

 이 표현을 사용한 실제 대화문을 듣고 따라 해보세요.

 Can you set me up with someone?
Sally 나 소개팅 좀 해줄 수 있어?

 What about Jeff?
Andy Jeff는 어쩌고?

 He asked me out, but I turned him down.
Sally 걔가 데이트 신청했는데, **내가 걔 찼어.**

우리 잘 돼가고 있어.

There's something between us.

두근

두근

직역하면 '우리 사이엔 뭔가 있어'라는 뜻으로, 썸타고 있을 때 쓸 수 있는 표현이에요.

 이 표현을 사용한 실제 대화문을 듣고 따라 해보세요.

 I really like Bella.
Andy   나 Bella 진짜 좋아해.

 Does she like you, too?
Amy   걔도 너 좋대?

 Yep. **There's something between us.**
Andy   응. 우리 잘 돼가고 있어.

DAY 81

그 정도면 됐어.

That works.

오케이

'그것은 일한다'라는 뜻이 아니라, '그 정도면 됐어'라는 의미의 표현이에요.

이 표현을 사용한 실제 대화문을 듣고 따라 해보세요.

 Andy
How long can we use the conference room?
우리 회의실 얼마 동안 쓸 수 있지?

 Amy
Two hours. Is that long enough?
2시간. 그 정도면 충분하려나?

 Andy
That works.
그 정도면 됐어.

 172 무료 팟캐스트 강의 및 학습자료 HackersTalk.co.kr

무료 강의 및 MP3 바로 듣기 ▶

그거론 부족해.

That's not enough.

모자란다고~

무언가 부족하다고 영어로 말할 때 '부족하다(lack)'보다 '충분하지 않다(not enough)'
라고 말하는 것이 더 자연스러워요.

 이 표현을 사용한 실제 대화문을 듣고 따라 해보세요.

Sally

We need more chairs for the meeting.
우리 회의에 쓸 의자가 더 필요해.

Justin

There are already seven in here.
여기 이미 7개나 있잖아.

Sally

That's not enough. The interns are coming, too.
그거론 부족해. 인턴들도 올 거란 말이야.

나도 갈게.

Count me in.

count는 '세다'라는 뜻이니, '나도 넣어서 세줘', 즉 '나도 끼워줘, 나도 갈게'라는 표현이에요.

이 표현을 사용한 실제 대화문을 듣고 따라 해보세요.

You should come to the class reunion next week.
Andy
다음 주 동창회에 너도 와라.

Count me in.
Amy
나도 갈게.

Great! I'll let everyone know.
Andy
좋아! 내가 모두한테 알릴게.

난 됐어.

I think I'll pass.

별로야

패스

직역하면 '내 생각에 난 지나갈게'라는 뜻으로, 어떤 제안을 사양할 때 사용할 수 있어요.

 이 표현을 사용한 실제 대화문을 듣고 따라 해보세요.

Sally

Want to go camping with us this weekend?
이번 주말에 우리랑 같이 캠핑 갈래?

Justin

I don't feel like it. I think I'll pass.
별로 안 내키는데. **난 됐어.**

Sally

Well, let me know if you change your mind.
음, 혹시 마음 바뀌면 나한테 알려줘.

DAY 83

돈이면 다 돼.

Money talks.

돈이 최고

직역하면 '돈이 말을 한다'예요. 돈이 말을 해서 원하는 대로 상황이 해결되는 모습을 상상해 보세요.

 이 표현을 사용한 실제 대화문을 듣고 따라 해보세요.

 Amy
Do you want me to get tickets to the show?
내가 공연 티켓 구해줄까?

 Andy
How? They're all sold out.
어떻게? 티켓이 다 매진됐는데.

 Amy
Well, **money talks.** I'll see what I can do.
글쎄, **돈이면 다 돼.** 내가 한번 알아볼게.

돈이 다가 아니지.

Money can't buy happiness.

부자라고
다 행복하지
않아

직역하면 '돈으로 행복을 살 수 없다'는 표현이에요. 돈으로 안 되는 게 있다고 할 때 쓸 수 있어요.

 이 표현을 사용한 실제 대화문을 듣고 따라 해보세요.

Justin

So many actors say they're depressed.
너무 많은 배우들이 우울하다고 한대.

Sally

Why? They're famous and rich.
왜? 유명하고 부자잖아.

Justin

Money can't buy happiness.
돈이 다가 아니지.

다리가 저려.

My leg is asleep.

asleep은 '잠이 든'이라는 뜻이에요. 다리가 잠들어서 마음대로 되지 않는 모습을 상상해 보세요.

이 표현을 사용한 실제 대화문을 듣고 따라 해보세요.

My leg is asleep.
다리가 저려.

Andy

It's because your legs are crossed. Just rub it.
네가 다리를 꼬고 있으니까 그렇지. 그냥 좀 문질러봐.

Sally

It's not working.
이건 효과가 없는 것 같아.

Andy

무료 강의 및 MP3 바로 듣기 ▶

팔이 저려.

My arm feels numb.

찌릿
찌릿

DAY 84

해커스톡 영어회화 10분의 기적 캐내캐 끌린 말하기

numb은 '감각이 없는'이라는 뜻이에요. 팔이 저려서 감각이 둔할 때 사용할 수 있어요.

🔊 이 표현을 사용한 실제 대화문을 듣고 따라 해보세요.

My arm feels numb.
팔이 저려.

Amy

Does that happen a lot?
자주 그래?

Justin

It does these days.
요즘 들어서 그러네.

Amy

교재 표현 & 대화문 MP3 HackersTalk.co.kr 177

'그거 마치 계획 같다'라는 뜻이 아니라, 상대의 아이디어가 괜찮다고 말할 때 사용해요.

 이 표현을 사용한 실제 대화문을 듣고 따라 해보세요.

 Let's hire an interior decorator.
Amy 인테리어 업자를 고용하자.

 That sounds like a plan.
Justin 그거 좋은 생각이다.

 It's better than one of us doing it.
Amy 우리 중 하나가 하는 것보단 낫잖아.

그거 안 될걸.

That won't work.

안 돼

노 노

work는 '잘 되다'란 뜻도 있어요. won't를 붙여 무언가 잘 안 될 것 같거나 불가능해 보이는 상황에서 말해 보세요.

DAY 85

해커스톡 영어회화 10분의 기적 캐바캐 콜라 말하기

🔊 이 표현을 사용한 실제 대화문을 듣고 따라 해보세요.

Why don't we eat dinner before the play?

Andy

연극 보기 전에 저녁 먹는 게 어때?

That won't work. There's not enough time.

Sally

그거 안 될걸. 시간이 충분하지 않아.

OK. We can eat afterwards then.

Andy

그래. 그러면 끝나고 먹으면 되지, 뭐.

교재 표현 & 대화문 MP3 HackersTalk.co.kr **179**

DAY 86

나만 믿어.

You can count on me.

count on은 '~을 믿다, 의지하다'라는 뜻으로, 날 믿고 맡겨도 된다는 표현이에요.

 이 표현을 사용한 실제 대화문을 듣고 따라 해보세요.

 Can you water my plants while I'm away?
Amy 나 없는 동안 내 화분에 물 좀 줄 수 있어?

 You can count on me.
Andy 나만 믿어.

 You're the best!
Amy 너밖에 없다, 야!

내 분야가 아니라서.

It's not my forte.

PPT 알못

쏘리

forte는 '강점, 특기'라는 의미예요. not을 붙여 내 주특기, 즉 내가 잘 아는 분야가 아니라고 말할 때 사용할 수 있어요.

 이 표현을 사용한 실제 대화문을 듣고 따라 해보세요.

Sally

Can you finish this PowerPoint slide for me?
나 대신 이 파워포인트 슬라이드 좀 마무리 지어줄 수 있어?

Justin

Sorry, it's not my forte.
미안한데, **내 분야가 아니라서.**

Sally

Oh, alright. I'll ask someone else.
아, 알았어. 다른 사람한테 부탁할게.

DAY 87

아직 결정 난 건 아니야.

It's up in the air.

미정

나도 몰라...

up in the air는 공중에 붕 떠 있는 것처럼 아직 결정되지 않은 상황을 말해요.

 이 표현을 사용한 실제 대화문을 듣고 따라 해보세요.

Amy
Are you getting a raise?
너 연봉 인상돼?

Andy
I don't know. **It's up in the air.**
모르겠어. **아직 결정 난 건 아니야.**

Amy
I hope you get it.
인상되길 바라.

 182 무료 팟캐스트 강의 및 학습자료 HackersTalk.co.kr

확실히 정해졌어.

It's set in stone.

이미 결정됨

돌에 글을 새기면 고치기 힘든 것처럼 무언가 이미 확정된 상황이라고 말할 때 사용해요.

 이 표현을 사용한 실제 대화문을 듣고 따라 해보세요.

Justin

Is the gym going to close?
헬스장 문 닫는데?

Sally

Yes. **It's set in stone.**
응. 확실히 정해졌어.

Justin

That's too bad.
너무 안타깝다.

다신 이런 일 없을 거야.

It won't happen again.

이런 일이 다시는 일어나지 않을 거라고 약속할 때 사용해요.

 이 표현을 사용한 실제 대화문을 듣고 따라 해보세요.

Amy
How could you lie to me?
어떻게 나한테 거짓말 할 수가 있어?

Justin
It won't happen again. I promise.
다신 이런 일 없을 거야. 약속해.

Amy
It better not.
다신 없는 게 좋을 거야.

한 번만 봐줘.

Give me a break.

나의 잘못을 지적하는 사람에게 한 번만 더 기회를 달라고 할 때 쓰는 표현이에요.

 이 표현을 사용한 실제 대화문을 듣고 따라 해보세요.

 Sally

How could you forget our anniversary?
어떻게 우리 기념일을 잊을 수가 있어?

 Andy

Come on, **give me a break**. I've been so busy.
에이, **한 번만 봐줘**. 나 너무 바빴단 말이야.

 Sally

That's no excuse!
그건 변명이 안 돼!

DAY 89

그만하기 다행이네.

Lucky it wasn't worse.

'상황이 더 나빴을 수도 있는데 운이 좋았다'라고 이야기할 때 사용할 수 있는 표현이에요.

 이 표현을 사용한 실제 대화문을 듣고 따라 해보세요.

Amy
What happened to your arm?
너 팔이 왜 그래?

Justin
I broke it. I was hit by a car.
부러졌어. 나 차에 치였거든.

Amy
Lucky it wasn't worse.
그만하기 다행이네.

완전 최악이네.

That's rough.

들기만 해도...

불쌍해...

rough는 '괴로운, 거친'이란 뜻인데, 힘든 상황을 겪은 사람을 위로할 때 이 표현을 사용해 보세요.

 이 표현을 사용한 실제 대화문을 듣고 따라 해보세요.

Sally

Did you break your leg?
너 다리 부러졌어?

Andy

Yes. And my toe.
응. 그리고 발가락도.

Sally

Yikes! **That's rough.**
어이쿠! **완전 최악이네.**

DAY 90

버스를 잘못 탔어.

순환 버스

마을버스

지선버스

헷갈렸어ㅠㅠ

I took the wrong bus.

다른 노선의 버스를 탔거나, 맞는 버스지만 반대 방향으로 가는 것을 탔을 때도 쓸 수 있어요.

🔊 이 표현을 사용한 실제 대화문을 듣고 따라 해보세요.

Andy

What took you so long?
왜 그렇게 오래 걸렸어?

Sally

I took the wrong bus.
버스를 잘못 탔어.

Andy

Again?
또?

차가 막혔어.

I got stuck in traffic.

교통지옥
탈출자

stuck은 '갇히다'라는 의미예요. 차가 막혀 도로에 갇혀 있었던 상황이었을 때 쓸 수 있어요.

📢 이 표현을 사용한 실제 대화문을 듣고 따라 해보세요.

Justin

You're late.
늦었네.

Amy

Sorry, I got stuck in traffic.
미안, **차가 막혔어.**

Justin

Dinner is on you tonight, then.
그럼 오늘 저녁은 네가 쏘는 거다.

천천히 해.

Take your time.

서두르지 마~

시간적 여유가 많으니 서두를 필요 없이 '천천히 준비하라'는 뜻이에요.

 이 표현을 사용한 실제 대화문을 듣고 따라 해보세요.

Amy

Can I use your laptop for 30 more minutes?

네 노트북 30분만 더 써도 돼?

Justin

No problem. Take your time.

당연하지. **천천히 해.**

Amy

Thanks. I'll work as fast as possible.

고마워. 최대한 빨리할게.

왜 이렇게 오래 걸려?

What's taking so long?

빨리! 빨리!

'뭐가 이렇게 오래 걸리니?'라는 의미로, 빨리하라고 재촉하는 상황에서 사용할 수 있어요.

 이 표현을 사용한 실제 대화문을 듣고 따라 해보세요.

Sally

Wait! I'm not ready yet.

잠깐만! 나 아직 준비 안 됐어.

Andy

What's taking so long?

왜 이렇게 오래 걸려?

Sally

I can't get my hair right.

머리가 제대로 안 돼.

DAY 92

나도 노력하고 있어.

노력 주이 하고...

I'm working on it.

무언가에 내가 노력을 쏟고 있다는 뜻이에요. 요청받은 업무를 하고 있는 중이라고 말할 때도 쓸 수 있어요.

 이 표현을 사용한 실제 대화문을 듣고 따라 해보세요.

Amy

You're addicted to playing computer games.
너 컴퓨터 게임에 중독됐어.

Justin

I know. I'm working on it.
알아. **나도 노력하고 있어.**

Amy

You really should play less.
너 진짜 게임하는 거 줄여야 해.

너나 잘하세요.

Mind your own business.

너나
잘해!

mind는 '신경 쓰다'란 뜻이에요. 본인 일에나 신경 쓰라는 공격적인 표현이니 주의해서
사용하세요.

 이 표현을 사용한 실제 대화문을 듣고 따라 해보세요.

Sally

Watching too much TV is bad for your eyes.
TV 너무 많이 보면 눈 나빠진다고.

Andy

Mind your own business.
너나 잘하세요.

Sally

You don't have to be rude.
그렇게 무례하게 굴 필요는 없잖아.

정말 즐거웠어.

I had a blast.

blast는 '즐거운 경험'이라는 뜻으로, 아주 재미있는 시간이었다는 표현이에요.

 이 표현을 사용한 실제 대화문을 듣고 따라 해보세요.

 Amy
I went to the rock festival.
나 록 페스티벌 갔었어.

 Justin
How was it?
어땠어?

 Amy
Awesome! I had a blast.
대박이었지! 정말 즐거웠어.

무료 강의 및 MP3 바로 듣기 ▶

완전 지루했어.

It was super boring.

•불만•

•불만•

노잼

boring(지루한) 앞에 super(굉장히)를 붙여 엄청 지루했던 경험을 말할 수 있어요.

DAY 93

해커스톡 영어회화 10분의 기적 캐바캐 쿨라 말하기

📢 이 표현을 사용한 실제 대화문을 듣고 따라 해보세요.

Sally

Have you seen that musical?
너 저 뮤지컬 봤어?

Andy

Not yet. What about you?
아직 안 봤어. 너는?

Sally

I saw it yesterday. It was super boring.
난 어제 봤는데. **완전 지루했어.**

나 주름살 생겼어.

여기 봐봐...

I've got wrinkles.

wrinkle은 '주름'이라는 의미예요. 주름을 얻게(get) 되었다는 것은 주름이 생겼다는 의미겠죠.

 이 표현을 사용한 실제 대화문을 듣고 따라 해보세요.

Justin

Why are you staring in the mirror?
거울을 뭘 그렇게 쳐다봐?

Sally

I've got wrinkles.
나 주름살 생겼어.

Justin

Where? I can barely see them.
어디? 보이지도 않구먼.

 196 무료 팟캐스트 강의 및 학습자료 HackersTalk.co.kr

무료 강의 및 MP3 바로 듣기 ▶

나 얼굴에 뭐 났어.

I'm breaking out.

으악~ 스트레스 받아

break out은 '갑자기 나타나다'라는 의미도 있어요. 뾰루지나 여드름 등 피부 트러블이 났을 때 사용해요.

 이 표현을 사용한 실제 대화문을 듣고 따라 해보세요.

Andy

Stop touching your face.

얼굴 좀 그만 만져.

Amy

But I'm breaking out.

근데 **나 얼굴에 뭐 났어.**

Andy

It'll only make the problem worse.

그러면 더 심해질 뿐이야.

그냥 운이 좋았어.

It was just a fluke.

fluke는 '요행'이라는 뜻으로, 큰 노력 없이 얻은 행운이라고 말할 때 쓸 수 있어요.

 이 표현을 사용한 실제 대화문을 듣고 따라 해보세요.

 Amy
Congratulations on winning the talent show!
장기자랑에서 상 탄 거 축하해!

 Justin
It was just a fluke.
그냥 운이 좋았어.

 Amy
No way. You're a great singer!
무슨 소리야. 너 노래 진짜 잘하더라!

아부 떨지 마.

Don't butter me up.

속 보 인 다

butter up은 무언가를 얻어내기 위해 '아부하다'란 뜻이에요. 신상에 버터를 던지면서 기도했다는 것에서 유래한 표현이에요.

 이 표현을 사용한 실제 대화문을 듣고 따라 해보세요.

Sally

You look amazing, as always.
너 너무 멋져 보인다, 늘 그렇지만.

Andy

Don't butter me up. What do you want?
아부 떨지 마. 원하는 게 뭐냐?

Sally

How did you know?
어떻게 알았지?

한참 걸렸어.

엄~~~청
오래 걸렸어

It took ages.

took은 '시간이 걸렸다', ages는 '한참'이라는 의미예요. 어떤 일에 시간이 오래 걸렸을 때 사용할 수 있어요.

 이 표현을 사용한 실제 대화문을 듣고 따라 해보세요.

Did it take long to get your passport?
여권 받는 데 오래 걸렸어?

Justin

Yes. It took ages.
응. 한참 걸렸어.

Amy

That's odd. It usually only takes four days.
이상하다. 보통은 4일밖에 안 걸리는데.

Justin

엄청 금방이었어.

It only took like half a second.

후훗

금방이었어!

half a second를 직역하면 '1초의 반'이라는 뜻으로, 정말 짧게 느껴질 정도의 시간밖에 안 걸렸다는 의미예요.

 이 표현을 사용한 실제 대화문을 듣고 따라 해보세요.

 How long did it take to fix your computer?
Andy 컴퓨터 고치는 데 얼마나 걸렸어?

 It only took like half a second. It was easy.
Sally 엄청 금방이었어. 쉬웠거든.

 That's good.
Andy 잘됐네.

나 술이 너무 땡겨.

I'm dying for a drink.

die for는 말 그대로 '~하고 싶어 죽겠다'라는 의미예요. 이때 a drink는 '음료'가 아니라 '술'을 뜻해요.

이 표현을 사용한 실제 대화문을 듣고 따라 해보세요.

Justin
Let's go to the pub.
우리 술 마시러 가자.

Sally
Great! I'm dying for a drink.
좋아! 나 술이 너무 땡겨.

Justin
I know a nice place nearby.
나 근처에 괜찮은 곳 알아.

나 술 별로 안 땡겨.

I'm not in the mood for a drink.

어제도 마셨잖아~

in the mood for는 '~할 기분'이란 의미로, for 뒤에 원하는 것을 넣어 다양한
상황에서 쓸 수 있어요.

 이 표현을 사용한 실제 대화문을 듣고 따라 해보세요.

 Should we go to a bar?
Amy 우리 술집 갈까?

 I'm not in the mood for a drink.
Andy 나 술 별로 안 땡겨.

 What? That's not like you.
Amy 뭐? 너답지 않다.

DAY 98

식은 죽 먹기였어.

그 거참 아야~

There was nothing to it.

'너무 쉬워서 별거 없었다'라는 의미로, 그 정도는 아무것도 아니라는 느낌의 표현이에요.

 이 표현을 사용한 실제 대화문을 듣고 따라 해보세요.

 Wasn't it hard to back up your computer?
Sally 너 컴퓨터 백업하는 거 어렵지 않았어?

 No. **There was nothing to it.**
Andy 전혀. **식은 죽 먹기였어.**

 Really? Can you do mine, too?
Sally 정말? 내 것도 해줄 수 있어?

나한테 너무 어려웠어.

It was way over my head.

넘나 어려운 것

내 머리(my head)를 훨씬(way) 뛰어넘을(over) 정도로 어려웠다는 의미예요.

 이 표현을 사용한 실제 대화문을 듣고 따라 해보세요.

 Justin

Did you understand that lecture?
넌 그 강의 이해됐어?

 Amy

No. It was way over my head.
아니. **나한테 너무 어려웠어.**

 Justin

Me, too. Physics is so hard!
나도 마찬가지야. 물리학은 너무 어려워!

직역하면 '네가 너무 멀리 갔다'라는 뜻으로, 도를 넘는 말이나 행동을 했을 때 나무라는 표현이에요.

 이 표현을 사용한 실제 대화문을 듣고 따라 해보세요.

Sam made me so mad. I yelled at him.
Sam 때문에 나 너무 열 받았어. 걔한테 소리 질렀잖아.

Sally

You went too far.
너 너무 과했어.

Justin

I know. I'll say I'm sorry later.
그러게. 나중에 사과하려고.

Sally

네가 그럴 만도 해.

> ## I don't blame you.

에고...

blame은 '~를 탓하다'이고, don't를 붙이면 널 탓하지 않는다, 즉 네가 그럴 만도 하다 라는 의미예요.

 이 표현을 사용한 실제 대화문을 듣고 따라 해보세요.

 I yelled at Greg because he broke my camera.

Andy
Greg가 내 카메라 망가뜨려서 걔한테 소리 질렀어.

 I don't blame you. It was expensive, wasn't it?

Amy
네가 그럴 만도 해. 그거 비싼 거였잖아, 그치?

 Very!

Andy
엄청!

side는 '편'이라는 뜻으로, 다른 사람 편드는 거냐고 물을 때 사용할 수 있는 표현이에요.

 이 표현을 사용한 실제 대화문을 듣고 따라 해보세요.

 You should apologize to Emily.
Andy 너 Emily한테 사과해야 해.

 Why should I? Are you on her side?
Sally 내가 왜? **너 걔 편드는 거야?**

 Well, you started the argument.
Andy 음, 네가 먼저 싸움을 시작했잖아.

너 아직도 걔랑 연락해?

Are you still in touch with her?

touch는 '접촉'이라는 뜻도 있어요. 누군가와 여전히 접촉한 상태로 지내는지 묻는 표현이에요.

🔊 이 표현을 사용한 실제 대화문을 듣고 따라 해보세요.

Amy
Did you know that Sarah's getting married?
너 Sarah 결혼한다는 거 알았어?

Justin
Really? Are you still in touch with her?
진짜? 너 아직도 걔랑 연락해?

Amy
No. But she posted it on Instagram.
아니. 근데 걔가 인스타에 올렸더라고.

왕초보도 영어회화 10분의 기적

해커스톡

HackersTalk.co.kr

표현만 쏙쏙!

배운 표현들만 모아서 머릿속으로 쏙쏙

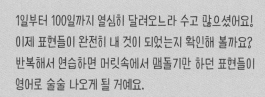

1일부터 100일까지 열심히 달려오느라 수고 많으셨어요!
이제 표현들이 완전히 내 것이 되었는지 확인해 볼까요?
반복해서 연습하면 머릿속에서 맴돌기만 하던 표현들이
영어로 술술 나오게 될 거예요.

영어 표현을 가린 후, 우리말 뜻만 보고 영어 문장을 말해보세요.
영어 문장이 바로 술술 나오는 표현은 박스(□)에 체크 표시하세요.
"표현만 쏙쏙" MP3와 함께 연습하면 더 좋아요.

🎧 표현만 쏙쏙_Day 1-5.mp3

DAY 1

□ 내가 쏠게.   I'll get it.

□ N빵하자.   Let's split the bill.

DAY 2

□ 생각이 날 듯 말 듯 해.   It's on the tip of my tongue.

□ 그냥 갑자기 떠올랐어.   It just popped into my head.

DAY 3

□ 온몸이 쑤셔.   I ache all over.

□ 날아갈 것 같아.   I feel great.

DAY 4

□ 나 야근.   I'm working overtime.

□ 나 칼퇴 예정.   I'm getting off on time.

DAY 5

□ 편식이 너무 심해.   He's a picky eater.

□ 항상 잔뜩 먹어.   He always stuffs himself.

표현만 쏙쏙_Day 6-10.mp3

DAY 6

- [ ] 너 사진발 진짜 잘 받는다.　　　The camera really loves you.
- [ ] 넌 실물이 더 나아.　　　You look better in person.

DAY 7

- [ ] 별로 내 취향은 아니야.　　　It's not really my thing.
- [ ] 나 완전 빠졌어.　　　I'm really into it.

DAY 8

- [ ] 나 완전 멀쩡해.　　　I'm fine.
- [ ] 나 너무 취했어.　　　I'm so wasted.

DAY 9

- [ ] 좋아, 그러지 뭐.　　　Sure, why not.
- [ ] 난 별로 안 내키는데.　　　I don't feel like it.

DAY 10

- [ ] 나 그거 정주행 중이야.　　　I'm binge-watching it.
- [ ] TV에 볼만한 게 하나도 없어.　　　There's nothing good on TV.

영어 표현을 가린 후, 우리말 뜻만 보고 영어 문장을 말해보세요.
영어 문장이 바로 술술 나오는 표현은 박스(□)에 체크 표시하세요.
"표현만 쏙쏙" MP3와 함께 연습하면 더 좋아요.

🎧 표현만 쏙쏙_Day 11~15.mp3

DAY 11

□ 난 다 끝났어.   I'm all done.
□ 아직 할 일이 산더미야.   I've still got a ton of stuff to do.

DAY 12

□ 다 잘 풀리고 있어.   I'm on a roll.
□ 되는 게 하나도 없어.   Nothing's going right.

DAY 13

□ 걘 눈치가 진짜 빨라.   He catches on quick.
□ 걘 눈치가 없네.   He can't take a hint.

DAY 14

□ 어떻게든 다 잘 될 거야.   It'll all work out.
□ 우린 망했어.   We're screwed.

DAY 15

□ 너무 맛있어!   It's so good!
□ 너무 맛없어!   It's awful!

표현만 쏙쏙_Day 16-20.mp3

DAY 16

☐ 요점만 말해.   Just get to the point.

☐ 좀 더 자세히 말해봐.   Be more specific.

DAY 17

☐ 나 여행병 걸렸어.   I've got the travel bug.

☐ 난 집에 있는 게 좋아.   I like to stay at home.

DAY 18

☐ 변명은 필요 없어.   Don't give me excuses.

☐ 그럴 수도 있지 뭐.   It happens.

DAY 19

☐ 과찬이세요.   I'm flattered.

☐ 그런 소리 자주 들어요.   I get that a lot.

DAY 20

☐ 미안, 내 잘못이야.   Sorry, my bad.

☐ 다 너 때문이야!   It's all your fault!

영어 표현을 가린 후, 우리말 뜻만 보고 영어 문장을 말해보세요.
영어 문장이 바로 술술 나오는 표현은 박스(□)에 체크 표시하세요.
"표현만 쏙쏙" MP3와 함께 연습하면 더 좋아요.

🎧 표현만 쏙쏙_Day 21-25.mp3

DAY 21

□ 내 말이 그 말이야.　　　　　　　　　　Tell me about it.

□ 에이, 그건 아니지.　　　　　　　　　　I doubt that.

DAY 22

□ 시간이 너무 안 가.　　　　　　　　　Time is moving slowly.

□ 시간이 엄청 빨리 갔네.　　　　　　　The time flew by.

DAY 23

□ 나 기절한 듯이 잤어.　　　　　　　　I was out cold.

□ 나 한숨도 못 잤어.　　　　　　　　　I didn't sleep a wink.

DAY 24

□ 나 슬슬 일어나야겠다.　　　　　　　I should get going.

□ 우리 이제 막 시작했잖아.　　　　　We're just getting started.

DAY 25

□ 너한테 딱이다!　　　　　　　　　　　It's so you!

□ 너랑 안 어울려.　　　　　　　　　　It doesn't suit you.

표현만 쏙쏙_Day 26-30.mp3

DAY 26

☐ 자자, 긴장 풀어.   Take it easy.

☐ 쫄지 좀 마!   Don't be such a chicken!

DAY 27

☐ 나 아침형 인간이야.   I'm a morning person.

☐ 나 야행성이야.   I'm a night owl.

DAY 28

☐ 다음으로 미뤄도 될까?   Can I take a rain check?

☐ 나 때문에 미루지는 마.   Don't put it off because of me.

DAY 29

☐ 걔는 완전 똑 부러져.   He's totally on the ball.

☐ 걔는 너무 맹해.   He's too absentminded.

DAY 30

☐ 설마!   No way!

☐ 그럴 줄 알았어.   I knew it.

영어 표현을 가린 후, 우리말 뜻만 보고 영어 문장을 말해보세요.
영어 문장이 바로 술술 나오는 표현은 박스(□)에 체크 표시하세요.
"표현만 쏙쏙" MP3와 함께 연습하면 더 좋아요.

표현만 쏙쏙_Day 31-35.mp3

DAY 31

□ 나 이미 선약이 있어.   I already have plans.

□ 나 일요일 비어.   I'm free on Sunday.

DAY 32

□ 날이 엄청 후덥지근해.   It's really humid.

□ 날이 쌀쌀해.   It's chilly.

DAY 33

□ 콜!   I'm down!

□ 나 좀 내버려 둬.   Leave me alone.

DAY 34

□ 코앞으로 다가왔어.   It's right around the corner.

□ 아직 한참 남았어.   It's still a long ways off.

DAY 35

□ 너 완전 웃겨.   You crack me up.

□ 그거 완전 아재 개그야.   That's such a dad joke.

 표현만 쏙쏙_Day 36-40.mp3

DAY 36

☐ 나 완전 타고났어.   I was made for this.

☐ 이건 내 적성에 맞지 않아.   I'm not cut out for it.

DAY 37

☐ 여긴 참 아늑하네.   It's very cozy in here.

☐ 여긴 좀 으스스해.   It's kind of creepy here.

DAY 38

☐ 걘 그냥 평범한 사람이야.   He's just an average guy.

☐ 걘 4차원이야.   He's very strange.

DAY 39

☐ 왜 울상이야?   Why the long face?

☐ 오늘 왜 그렇게 업 됐어?   Why are you so hyper today?

DAY 40

☐ 전혀 모르겠는데.   I have no idea.

☐ 너무 뻔하지 않아?   Isn't it obvious?

영어 표현을 가린 후, 우리말 뜻만 보고 영어 문장을 말해보세요.
영어 문장이 바로 술술 나오는 표현은 박스(□)에 체크 표시하세요.
"표현만 쏙쏙" MP3와 함께 연습하면 더 좋아요.

🎧 표현만 쏙쏙_Day 41-45.mp3

DAY 41

□ 완전 살살 녹아.　　　　　　　　　　It's so tender.
□ 고무같이 질겨.　　　　　　　　　　It's too tough.

DAY 42

□ 알았어, 접수!　　　　　　　　　　You got it!
□ 굳이 내가 해야 해?　　　　　　　　Do I have to?

DAY 43

□ 나 오늘 부자야.　　　　　　　　　　I'm loaded.
□ 나 완전 거지야.　　　　　　　　　I'm completely broke.

DAY 44

□ 나 배고파서 화가 나.　　　　　　　I'm hangry.
□ 나 배 터질 것 같아.　　　　　　　I'm going to burst.

DAY 45

□ 오늘 정신없이 바빴어.　　　　　　I had a hectic day today.
□ 오늘 좀 한가했어.　　　　　　　　It was slow today.

🎧 표현만 쏙쏙_Day 46-50.mp3

DAY 46

- ☐ 좋겠다!   Lucky you!
- ☐ 어쩌라고?   So what?

DAY 47

- ☐ 이거 지금 완전 유행이야.   It's all the rage now.
- ☐ 이거 유행 다 지났어.   It's out of style.

DAY 48

- ☐ 이번엔 내가 봐준다.   I'll let it slide this time.
- ☐ 참을 만큼 참았어.   I've had it.

DAY 49

- ☐ 목이 따끔따끔해요.   I've got a sore throat.
- ☐ 콧물이 나요.   I have a runny nose.

DAY 50

- ☐ 싸게 잘 샀어.   It was a good deal.
- ☐ 나 바가지 썼네.   I got ripped off.

영어 표현을 가린 후, 우리말 뜻만 보고 영어 문장을 말해보세요.
영어 문장이 바로 술술 나오는 표현은 박스(□)에 체크 표시하세요.
"표현만 쏙쏙" MP3와 함께 연습하면 더 좋아요.

🎧 표현만 쏙쏙_Day 51~55.mp3

DAY 51

□ 다이어트는 내일부터.　　　　　　　　My diet starts tomorrow.

□ 나 지금 다이어트 중이야.　　　　　　　　　　I'm on a diet.

DAY 52

□ 아무짝에도 쓸모가 없어.　　　　　　　　　It's useless.

□ 쓸 데가 있을지 몰라.　　　　　　　It might come in handy.

DAY 53

□ 행운을 빌게.　　　　　　　　I'll cross my fingers for you.

□ 김칫국 마시지 마.　　　　　　Don't get ahead of yourself.

DAY 54

□ 비가 쏟아진다.　　　　　　　　　　　　It's pouring.

□ 비가 오다 말다 그래.　　　　　It's been raining on and off.

DAY 55

□ 그거 좀 싸구려 같아 보여.　　　　　It looks a bit tacky.

□ 그거 좀 고급스러워 보인다.　　　　It looks pretty fancy.

🎧 표현만 쏙쏙_Day 56~60.mp3

DAY 56

- [ ] 나 피자가 너무 땡겨.　　　　I'm craving pizza.
- [ ] 나 입맛이 별로 없어.　　　　I have no appetite.

DAY 57

- [ ] 너 진짜 바쁘겠다.　　　　You must have a full plate.
- [ ] 너 엄청 한가하겠다.　　　　You must have nothing to do.

DAY 58

- [ ] 지금이 아니면 안 돼!　　　　It's now or never!
- [ ] 지금은 좀 그래.　　　　Now isn't a good time.

DAY 59

- [ ] 정말 고마워!　　　　Thanks a million!
- [ ] 번거롭게 그러지 마.　　　　Don't bother.

DAY 60

- [ ] 너 핵노답이다.　　　　You're hopeless.
- [ ] 너 대단하다.　　　　That's impressive.

영어 표현을 가린 후, 우리말 뜻만 보고 영어 문장을 말해보세요.
영어 문장이 바로 술술 나오는 표현은 박스(□)에 체크 표시하세요.
"표현만 쏙쏙" MP3와 함께 연습하면 더 좋아요.

🎧 표현만 쏙쏙_Day 61-65.mp3

DAY 61

□ 그 얘긴 그만해.　　　　　　　　　　　　　　　Drop the subject.
□ 우리 얘기 좀 하자.　　　　　　　　　　　　　　We should talk.

DAY 62

□ 버스는 이미 떠났어.　　　　　　　　　　　　That ship has sailed.
□ 기회는 또 있어.　　　　　　　　　　　　There's always next time.

DAY 63

□ 그게 점점 좋아져.　　　　　　　　　　　　It's growing on me.
□ 그거 지겨워 죽겠어.　　　　　　　　　　　　I'm so sick of it.

DAY 64

□ 못 믿겠어요.　　　　　　　　　　　　　　　I don't buy it.
□ 혹하는데요?　　　　　　　　　　　　That's very tempting.

DAY 65

□ 눈치 못 챘어.　　　　　　　　　　　　I didn't notice it.
□ 그래 보이네.　　　　　　　　　　　　　　I can tell.

표현만 쏙쏙_Day 66~70.mp3

DAY 66

- [ ] 걔는 너무 까탈스러워.   She's so demanding.
- [ ] 걔는 성격이 무던해.   She's easygoing.

DAY 67

- [ ] 말만 해.   You name it.
- [ ] 꿈 깨!   You wish!

DAY 68

- [ ] 나 음치야.   I'm tone-deaf.
- [ ] 나 박치야.   I have no sense of rhythm.

DAY 69

- [ ] 에구 불쌍해라.   You poor thing.
- [ ] 그만 좀 징징대.   Stop whining.

DAY 70

- [ ] 나 요즘 너무 바빠.   I'm really tied up these days.
- [ ] 난 그럭저럭 지내.   I can't complain.

영어 표현을 가린 후, 우리말 뜻만 보고 영어 문장을 말해보세요.
영어 문장이 바로 술술 나오는 표현은 박스(□)에 체크 표시하세요.
"표현만 쏙쏙" MP3와 함께 연습하면 더 좋아요.

🎧 표현만 쏙쏙_Day 71~75.mp3

DAY 71

□ 입에 침이 고여.   My mouth is watering.
□ 완전 맛없어 보여.   It looks gross.

DAY 72

□ 도전해봐!   Go for it!
□ 하지 말지.   You better not.

DAY 73

□ 얼마든지.   Be my guest.
□ 죽었다 깨어나도 안 돼.   Over my dead body.

DAY 74

□ 감기 조심해.   Don't catch a cold.
□ 옷 따뜻하게 껴입어.   Bundle up.

DAY 75

□ 준비 다 됐어.   I'm all set.
□ 조금만 기다려 줘.   Just hang on a minute.

🎧 표현만 쏙쏙_Day 76-80.mp3

DAY 76

☐ 나 핸드폰 배터리 나갔어.　　　　My phone died.

☐ 나 핸드폰 액정 깨졌어.　　　　I cracked my phone screen.

DAY 77

☐ 모르는 게 나아.　　　　You don't want to know.

☐ 너만 알고 있어.　　　　Keep it to yourself.

DAY 78

☐ 나도 같은 생각이야.　　　　Same here.

☐ 난 그렇게 생각 안 해.　　　　I don't see it that way.

DAY 79

☐ 몸이 좀 안 좋았어.　　　　I didn't feel very good.

☐ 늦잠 잤어.　　　　I overslept.

DAY 80

☐ 내가 걔 찼어.　　　　I turned him down.

☐ 우리 잘 돼가고 있어.　　　　There's something between us.

영어 표현을 가린 후, 우리말 뜻만 보고 영어 문장을 말해보세요.
영어 문장이 바로 술술 나오는 표현은 박스(□)에 체크 표시하세요.
"표현만 쏙쏙" MP3와 함께 연습하면 더 좋아요.

🎧 표현만 쏙쏙_Day 81-85.mp3

DAY 81

| □ 그 정도면 됐어. | That works. |
| □ 그거론 부족해. | That's not enough. |

DAY 82

| □ 나도 갈게. | Count me in. |
| □ 난 됐어. | I think I'll pass. |

DAY 83

| □ 돈이면 다 돼. | Money talks. |
| □ 돈이 다가 아니지. | Money can't buy happiness. |

DAY 84

| □ 다리가 저려. | My leg is asleep. |
| □ 팔이 저려. | My arm feels numb. |

DAY 85

| □ 그거 좋은 생각이다. | That sounds like a plan. |
| □ 그거 안 될걸. | That won't work. |

🎧 (표현만 쏙쏙_Day 86~90.mp3)

DAY 86

☐ 나만 믿어.   You can count on me.

☐ 내 분야가 아니라서.   It's not my forte.

DAY 87

☐ 아직 결정 난 건 아니야.   It's up in the air.

☐ 확실히 정해졌어.   It's set in stone.

DAY 88

☐ 다신 이런 일 없을 거야.   It won't happen again.

☐ 한 번만 봐줘.   Give me a break.

DAY 89

☐ 그만하기 다행이네.   Lucky it wasn't worse.

☐ 완전 최악이네.   That's rough.

DAY 90

☐ 버스를 잘못 탔어.   I took the wrong bus.

☐ 차가 막혔어.   I got stuck in traffic.

영어 표현을 가린 후, 우리말 뜻만 보고 영어 문장을 말해보세요.
영어 문장이 바로 술술 나오는 표현은 박스(□)에 체크 표시하세요.
"표현만 쏙쏙" MP3와 함께 연습하면 더 좋아요.

🎧 표현만 쏙쏙_Day 91~95.mp3

DAY 91

□ 천천히 해.   Take your time.
□ 왜 이렇게 오래 걸려?   What's taking so long?

DAY 92

□ 나도 노력하고 있어.   I'm working on it.
□ 너나 잘하세요.   Mind your own business.

DAY 93

□ 정말 즐거웠어.   I had a blast.
□ 완전 지루했어.   It was super boring.

DAY 94

□ 나 주름살 생겼어.   I've got wrinkles.
□ 나 얼굴에 뭐 났어.   I'm breaking out.

DAY 95

□ 그냥 운이 좋았어.   It was just a fluke.
□ 아부 떨지 마.   Don't butter me up.

표현만 쏙쏙_Day 96-100.mp3

DAY 96

☐ 한참 걸렸어.   It took ages.

☐ 엄청 금방이었어.   It only took like half a second.

DAY 97

☐ 나 술이 너무 땡겨.   I'm dying for a drink.

☐ 나 술 별로 안 땡겨.   I'm not in the mood for a drink.

DAY 98

☐ 식은 죽 먹기였어.   There was nothing to it.

☐ 나한테 너무 어려웠어.   It was way over my head.

DAY 99

☐ 너 너무 과했어.   You went too far.

☐ 네가 그럴 만도 해.   I don't blame you.

DAY 100

☐ 너 걔 편드는 거야?   Are you on her side?

☐ 너 아직도 걔랑 연락해?   Are you still in touch with her?

미국인이 가장 많이 쓰는 표현으로 원어민처럼 말하기

초판 6쇄 발행	2023년 2월 20일
초판 1쇄 발행	2019년 9월 26일

지은이	해커스 어학연구소
펴낸곳	(주)해커스 어학연구소
펴낸이	해커스 어학연구소 출판팀

주소	서울특별시 서초구 강남대로61길 23 (주)해커스 어학연구소
고객센터	02-566-0001
교재 관련 문의	publishing@hackers.com
동영상강의	HackersTalk.co.kr

ISBN	978-89-6542-325-6 (13740)
Serial Number	01-06-01

왕초보영어 탈출
해커스톡

'영어회화 인강' 1위, 해커스톡(HackersTalk.co.kr)
· 하루 10분씩 따라 하면 영어회화가 되는 안젤라 선생님의 교재 동영상강의
· 데일리 무료 복습 콘텐츠, 매일 영어회화 표현, 오늘의 영어 10문장 등 무료 학습 콘텐츠
· 미국인이 가장 많이 쓰는 표현을 듣고 따라 말하는 교재 표현 & 대화문 MP3 무료 다운로드

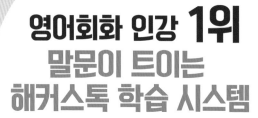

영어회화 인강 **1위**
말문이 트이는
해커스톡 학습 시스템

2018 헤럴드미디어 대학생이 선정한 영어회화 인강 1위

하루 10분 강의

언제 어디서나
부담 없이 짧고 쉽게!

일상에서 사용하는
미국식 표현 학습

다양한 일상 상황에서
쉽고 간단한 영어 표현으로
미국인처럼 말하기

반복·응용 학습

20회 이상 반복으로 입이
저절로 기억하는 말하기

실생활 중심의
쉬운 영어

실생활에서 200%
활용 가능한
쉬운 생활영어회화

해커스톡 HackersTalk.co.kr